Erich Bauer

Alles über das Sternzeichen

STIER

21. 4. – 20. 5.

Besuchen Sie uns im Internet: www.knaur.de
Alle Titel aus dem Bereich MensSana finden Sie im Internet unter
www.mens-sana.de

Überarbeitete Neuausgabe November 2010
Knaur Taschenbuch. Ein Unternehmen der Droemerschen Verlagsanstalt
Th. Knaur Nachf. GmbH & Co. KG, München
Copyright © 2010 Knaur Taschenbuch
Alle Rechte vorbehalten. Das Werk darf – auch teilweise –
nur mit Genehmigung des Verlags wiedergegeben werden.
Redaktion: Ralf Lay
Abbildungen: Erich Bauer
Umschlaggestaltung: ZERO Werbeagentur, München
Umschlagabbildung: FinePic®, München
Satz: Wilhelm Vornehm, München
Druck und Bindung: CPI – Clausen & Bosse, Leck
Printed in Germany
ISBN 978-3-426-87514-8

2 4 5 3 1

Stier

21. April bis 20. Mai

DIE FAKTEN

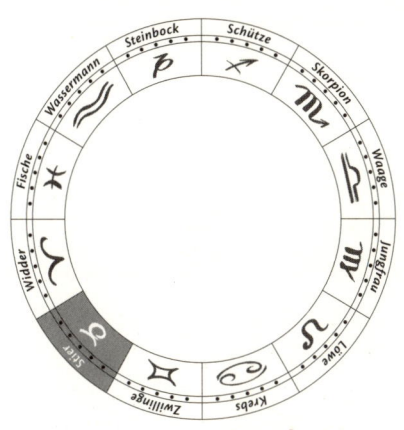

Element *Erde*
Beruhigend, aufnehmend, bewahrend, formgebend, abgrenzend.

Qualität *Fix*
Fest, gleichbleibend, sammelnd, vermehrend, wiederholend.

Polung *Minus*
Weiblich, Yin, passiv, nach innen, reaktiv, empfangend.

Symbolik Der *Stier* steht für Masse, Ruhe, Einverleibung und Aufbereitung durch Wiederholung.

Zeitqualität
21. April bis 21. Mai
Der Frühling als Ausdruck sinnlich erfahrenen, unendlichen Reichtums.

Herrscherplanet *Venus des Morgens* als Göttin der Schönheit und Liebe.

Stärken
Sinnlich, praktisch, solide, geduldig, anhänglich.

Reiseziele
Stadt Dresden, Zürich, St. Louis
Land Kaukasus, China, Thailand
Landschaft Grüne Täler und Wiesen

Magische Helfer
Farbe Grün
Stein Saphir
Baum Linde
Tier Maikäfer
Duft Patschuli

Die Persönlichkeit
6 Durchsetzung
10 Besitzstreben
3 Kontakt
7 Familie
10 Genuss
8 Pflicht
9 Liebe
8 Bindung
2 Ideale
7 Ehrgeiz
1 Originalität
2 Transzendenz

Inhalt

9 **Vorwort**

11 **Einleitung: Eine kurze Geschichte der Astrologie**
12 Der Ursprung
13 Die Blüte
15 Der Niedergang
16 Der Neubeginn

Teil I – Das Tierkreiszeichen

20 **Wichtiges und Grundsätzliches**
20 Wie wird man ein Stier?
Kinder des Himmels – Kinder ihrer Jahreszeit – Kinder der Kultur – Kinder der Tierwelt – Ruhe und Behaglichkeit im Schlaraffenland – Ein Sammler und Bewahrer – Das Glück der Erde – Ob »stur« von »Stier« kommt?

33 Liebe, Sex und Partnerschaft
Der Astro-Flirt – Sind Stiere gut im Bett? – Sind Stiere gute Partner? – So hält man Stiere bei guter Laune – Über die Treue der Stiere – Das Eifersuchtsbarometer – Wie gut Stiere allein sein können – Weibliche Stiere auf dem Prüfstand – Männliche Stiere auf dem Prüfstand

45 Wie klappt's mit den anderen Sternzeichen?
Gegensätze ziehen sich an: Stier und Skorpion – Knapp vorbei ist auch daneben: Stier und Waage/Stier und Schütze – Ein Vertrauter in der Fremde: Stier und Jungfrau/Stier und Steinbock – Das verflixte Quadrat: Stier und Löwe/Stier und Wassermann – Gute Freunde und mehr: Stier und Krebs/Stier und Fische – (Nicht immer) gute Nachbarn: Stier und Widder/Stier und Zwillinge – Ich liebe ... »mich«: Stier und Stier

73 **Der Stier und seine Gesundheit**
73 Die Schwachstellen von Stiergeborenen
Wenn der Hals voll ist – Wie Atlas die Welt auf den Schultern tragen
76 Vorbeugung und Heilen
Mund-, Rachen- und Nackenmenschen – Sich zu seiner Eigenart bekennen – Die Apotheke der Natur – Die richtige Diät für Stiere

79 **Beruf und Karriere**
79 Das Leibliche liegt sehr am Herzen
82 Sinnlicher Unterricht sowie Sicherheit und Geld
84 Das Arbeitsumfeld und die Berufe
Wo arbeiten Stiere am liebsten? – Berufe der Stiere

87 **Test: Wie »stierhaft« sind Sie eigentlich?**

Teil II – Die ganz persönlichen Eigenschaften

92 **Der Aszendent und die Stellung von Mond, Venus & Co.**
92 Vorbemerkung
94 Der Aszendent – Die individuelle Note
Die Bedeutung des Aszendenten – Der Stier und seine Aszendenten
119 Der Mond – Die Welt der Gefühle
Die Bedeutung des Mondes – Der Stier und seine Mondzeichen
137 Merkur – Schlau, beredt, kommunikativ und göttlich beraten
Die Bedeutung Merkurs – Der Stier und seine Merkurzeichen
142 Venus – Die Liebe
Die Bedeutung der Venus – Der Stier und seine Venuszeichen
149 Mars – Potent, sexy und dynamisch
Die Bedeutung des Mars – Der Stier und seine Marszeichen
163 Jupiter – Innerlich und äußerlich reich
Die Bedeutung Jupiters – Der Stier und seine Jupiterzeichen
176 Saturn – Zum Diamanten werden
Die Bedeutung Saturns – Der Stier und seine Saturnzeichen
191 **Zum Schluss**

Vorwort

Astrologie ist eine wunderbare Sache
Sie verbindet den Menschen mit dem Himmel, richtet seinen Blick nach oben in die Unendlichkeit. Vielleicht steckt hinter dem Interesse an ihr zutiefst die Sehnsucht nach unserem Ursprung, unserem Zuhause, nach Gott oder wie immer man das Geheimnisvolle, Unbekannte nennen will.

Astrologie ist uralt und trotzdem hochaktuell
Die ersten Zeugnisse einer Sternenkunde liegen Tausende von Jahren zurück. Und dennoch ist sie brandneu. Es scheint, als hätte sie nichts von ihrer Faszination verloren. Natürlich hat sich die Art und Weise astrologischer Beschäftigung verändert. Während früher noch der Astrologe persönlich in den Himmel schaute, studiert er heute seinen Computerbildschirm. Damals konnte man nur von einem Kundigen eingeweiht werden, heute finden sich beinah in jeder Zeitung astrologische Prognosen.

Astrologie ist populär
Jeder kennt die zwölf Tierkreiszeichen. Man kann eigentlich einen x-beliebigen Menschen auf der Straße ansprechen und ihn nach seiner Meinung fragen: Er weiß fast immer Bescheid, sowohl über sein eigenes Sternzeichen als auch über die meisten anderen. Die zwölf astrologischen Zeichen sind Archetypen, die im Unterbewusstsein ruhen und auf die man jederzeit zurückgreifen kann.

Astrologie schenkt Sicherheit
Der Einzelne findet sich eingebettet in einer gütigen und wohlwollenden Matrix, ist aufgehoben, hat seinen Platz, so wie auch alle anderen ihren Platz haben.

Astrologie kann gefährlich sein
Die Astrologie liefert ein perfektes System. Konstellationen, die sich auf Bruchteile von Sekunden berechnen lassen, blenden und machen glauben, man habe es mit einer exakten Wissenschaft zu tun. Genau das ist aber falsch. Die Astrologie ist viel eher eine Kunst oder eine Philosophie. Ihre Vorhersagen sind immer nur ungefähr, zeigen eine Möglichkeit, sind aber kein Dogma. Astrologen wie Ratsuchende driften, wenn sie nicht achtgeben, leicht in eine Pseudowelt ab. In ihr ist zwar alles in sich stimmig, allein es fehlt am validen Bezug zur Wirklichkeit.

Ich bin Astrologe aus Passion
Ich lebe in dieser Welt, aber ich weiß auch, dass sie nicht alles offenbart. Ich freue mich, die Gestirne als Freunde zu haben, und glaube, dass ich so mein Schicksal gütig stimme. Das ist eine Hoffnung, kein Wissen.

Ich wünsche Ihnen beim Lesen Spaß und Spannung – und dass Sie sich selbst und andere besser verstehen.

Erich Bauer, im Frühjahr 2010

Einleitung:
Eine kurze Geschichte der Astrologie

Am Anfang jeder Geschichte der Astrologie steht das Bild des nächtlichen, mit Sternen übersäten Himmels. Der Mensch früherer Zeiten hat ihn sicher anders erlebt als wir. Er wusste nichts von Lichtjahren und galaktischen Nebeln. Er erschaute das Firmament eher vergleichbar einem Kind. Und als Kind der Frühzeit sah er sich nicht, wie wir heute, als getrennt von diesem Himmel, sondern als eins mit ihm. Er fand sich in allem und fand alles in sich. Und er folgte dem Rhythmus dieses großen Ganzen, ähnlich wie ein Kind seiner Mutter folgt. Dabei fühlte er sich wohl getragen und geborgen.

Wann die Menschheit anfing, sich aus diesem Gefühl der Allverbundenheit zu lösen, ist schwer zu sagen. Die überlieferten Zeichen sind rar und rätselhaft. Aber als der Homo sapiens begann, die Sterne zu deuten, war er dem großen Ozean seit Äonen entstiegen, er sah sich und den Himmel längst als getrennte Einheiten. Doch kam es irgendwann dazu, dass der Mensch Beziehungen zwischen den Sternbildern und dem Leben auf der Erde wiederentdeckte, deren Kenntnis er eigentlich schon immer besaß. Beispielsweise erlebte er, dass ein Krieg ausbrach, während am Himmel ein Komet auftauchte und die normale Ordnung der Sterne störte. Oder er empfand großes Glück, während sich am Firmament zwei besonders helle Lichter trafen. Er begann solch auffällige Lichter mit Namen zu versehen: »Helios« beispielsweise – oder »Jupiter«, »Mars« oder »Venus«. Er ging sogar dazu über, bestimmte Sterne als Gruppen (Sternbilder) zusammenzufassen und ihnen Namen zu geben, etwa »Widder« oder »Großer Wagen«. Immer wieder beobachtete er typische Gestirnskonstellationen, die parallel zu markanten Ereignissen auf der Erde auftraten. Nach den Gesetzen der Logik entwickelte er aus diesen Zusammenhängen mit der Zeit eine Wissenschaft, die Astrologie, die ihm zum Beispiel die Schlussfolgerung erlaubte, dass auf der

Erde Gefahr droht, wenn Mars in das Tierkreiszeichen Skorpion eintritt. So fand der Mensch allmählich seine verlorene Einheit wieder und baute eine Brücke, die ihn mit seinem Urwissen verband, das er im Inneren seiner Seele aber nie wirklich verloren hatte.

Der Ursprung

Die Urheimat der Sternkunde war nach heutigem Erkenntnisstand Mesopotamien, das Land zwischen den Flüssen Euphrat und Tigris, das jetzt »Irak« heißt. Dort war der menschliche Geist wohl am kühnsten und vollzog als Erster endgültig die Trennung zwischen Mensch und Schöpfung. Die Sterne am Himmel bekamen Götternamen, etwa den des Sonnengotts Schamasch und der Göttin Ischtar, die auch als Tochter der Mondgöttin verehrt wurde und die sich als leuchtender Venusstern offenbarte. Da der Mond, die Sonne und einige andere Lichter im Vergleich zu den Fixsternen scheinbar wanderten, nannte man diese Planeten »umherirrende« oder »wilde Schafe« und unterschied sie von den »festgebundenen« oder »zahmen Schafen« – den Fixsternen, die vom Sternbild Orion, dem »guten Hirten«, bewacht wurden. Der größte Planet des Sonnensystems, mit heutigem Namen »Jupiter«, war im Land zwischen den zwei Strömen ein Sinnbild des Schöpfergottes Marduk. Sein Sohn und Begleiter hieß »Nabu« und wurde später zu »Merkur«. Das rötlich funkelnde Gestirn Mars wiederum war die Heimat des Herrn der Waffen, der genauso als Rachegott angesehen wurde. Saturn war ebenfalls bereits entdeckt worden und wurde als eine »müde Sonne« betrachtet. Außerdem galt Saturn als Gott der Gerechtigkeit, Ordnung und Beständigkeit. Gemeinsam mit anderen Göttern erhob sich schließlich der Rat der zwölf Gottheiten, und damit hatten auch die zwölf verschiedenen astrologischen Prinzipien ihren Auftritt. Zu all diesen Erkenntnissen kam man im Zweistromland etwa zwischen dem 7. und 4. vorchristlichen Jahrhundert.

Man hat Tafeln aus dem 2. Jahrhundert vor Christus gefunden, auf denen Beobachtungen über den Lauf von Sonne, Mars und Venus eingezeichnet waren. Auch Zeugnisse von ersten Geburtshoroskopen stammen aus dieser Zeit. Im Jahr 1847 wurden bei den Ruinen von Ninive 25 000 Tontafeln ausgegraben. Man datierte sie ins Jahr 600 vor Christus. Auf einem Teil dieser Tafeln befinden sich Weissagungen, die, mit etwas Zeitgeist aufgefrischt, ohne weiteres der astrologischen Seite einer modernen Tageszeitung entstammen könnten: »Wenn Venus mit ihrem Feuerlicht die Braut des Widders beleuchtet, dessen Schwanz dunkel ist und dessen Hörner hell leuchten, so werden Regen und Hochflut das Land verwüsten.«

Das ist eine »professionelle« astrologische Vorhersage. Damit war Spezialistentum an die Stelle einer ganzheitlichen Naturerfahrung getreten. Denn inzwischen hatte nur der fachkundige Astrologe die Zeit und das Wissen, den Himmel zu studieren, um daraus Rückschlüsse auf die Ereignisse im Weltgeschehen zu ziehen. Bald musste dieser Fachmann auch nicht einmal mehr den Himmel selbst beobachten. Spätestens im 1. Jahrhundert vor Christus gab es Ephemeriden. Das sind Bücher, aus denen die Stellung der Gestirne zu jeder beliebigen Zeit herausgelesen werden kann. Die Astrologie, wie sie auch heute noch betrieben wird, war damit endgültig geboren.

Die Blüte

In den nun folgenden anderthalbtausend Jahren erlebte die Astrologie eine Blütezeit kolossalen Ausmaßes. Dafür steht ein so bedeutender Name wie Claudius Ptolemäus. Er lebte im 2. Jahrhundert nach Christus und vertrat das geozentrische Weltbild mit der Erde im Mittelpunkt, auf das sich die Menschheit nach ihm noch länger als ein Jahrtausend beziehen sollte. Er war Geograph, Mathematiker und ein berühmter Astrologe und Astronom, der das bis in unsere Zeit fast unveränderte Regelwerk der Astrologie verfasste, den *Tetrabiblos*, welcher aus vier Büchern besteht. Darin riet er zu einer sorgfältigen Gesamtschau des Geburtshoroskops. Er erwähnte auch, dass man bei der Beurteilung eines Menschen ebenso dessen Milieu und Erziehung berücksichtigen solle, was einer modernen ganzheitlichen psychologischen Betrachtungsweise entspricht.

Eine spätere Berühmtheit in der Geschichte der Astrologie war Philippus Theophrastus Bombastus von Hohenheim (1493–1541), der sich selbst stolz »Paracelsus« nannte. Er war Arzt, Alchemist sowie Philosoph, und von ihm stammt jener von Astrologen so viel zitierte Satz: »Ein guter Arzt muss immer auch ein guter Astronomus sein.« Dazwischen lebte der Bischof Isidor von Sevilla (560–636). Er schrieb, ein Arzt solle immer auch sternkundig sein. Erwähnt werden muss natürlich die berühmte weibliche Vertreterin einer sternenkundigen Heilkunst, Hildegard von Bingen (1098–1179). Sie war fasziniert von den Analogien zwischen Himmel und Erde, sammelte Kräuter, pflanzte sie im Klostergarten an und schrieb über die Wirkung der Mondphasen. Sicher war die heilige Hildegard nicht der einzige weibliche astrologisch denkende Mensch. Aber ihr Name sei hier stellvertretend genannt für all die Frauen, die als Tempelpriesterinnen, Nonnen und angebliche Hexen ihr ganzheitliches Wissen über die Jahrhunderte hinweg weitergegeben haben.

Bis ins 16. Jahrhundert dauerte die Hoch-Zeit der Astrologie. Beinah alle angesehenen Denker – wie Platon und Aristoteles im Altertum, Naturwissenschaftler wie Nikolaus Kopernikus (1473–1543), Johannes Kepler (1571–1630) und Galileo Galilei (1564–1624) – dachten astrologisch und berechneten auch Horoskope. Am bekanntesten ist das von Kepler angefertigte Horoskop Wallensteins aus dem Jahr 1608. Die Astrologie wurde an den Universitäten gelehrt, und auch viele Bischöfe und einige Päpste förderten die Sternkunde. Wie es heute selbstverständlich ist, dass ein Naturwissenschaftler Einsteins Relativitätstheorie kennt und versteht, so war damals jeder denkende Kopf in der Astrologie bewandert.

Der Niedergang

Bereits Ende des 16. Jahrhunderts hatte die Astrologie ihren guten Ruf in vielen Ländern Europas verloren. Es gab päpstliche Anordnungen wie die Bulle »Constitutio coeli et terrae« von 1586, in der ein Verbot der Astrologie ausgesprochen wurde, und die meisten Universitäten schafften ihren Lehrstuhl für Astrologie ab.

Worauf war dieser rapide Niedergang zurückzuführen? Es gibt sicher zahlreiche Gründe. Der wichtigste ist, dass sich der menschliche Geist von den Fesseln tradierter Vorstellungen zu befreien begann. Er löste sich mit der Reformation von Rom und später mit der Französischen Revolution von seinen königlichen und kaiserlichen »Göttern«. Da war es nur konsequent, sich auch von den »Göttern am Himmel« loszusagen. Der zweite Grund war der, dass sich im Laufe der Zeit grobe Fehler astrologischer Vorhersagen herumsprachen. So hatte es wohl keine Prophezeiung gegeben, die den Dreißigjährigen Krieg oder die Pest rechtzeitig in den Sternen sah. Der dritte Grund wird häufig von den professionellen Astrologen angeführt. Sie behaupten, dass die falschen Propheten, also die unseriösen Astrologen, der wahrhaften Sterndeutekunst das Aus bescherten. Eine Kunst wie die Astrologie lockt natürlich auch faustische Gestalten an, die davon besessen sind, dem Schicksal einen Schritt voraus zu sein. Solche Schwarmgeister und falsche Propheten haben der Astrologie bestimmt geschadet, besonders auch, weil durch die Erfindung der Buchdruckerkunst jede selbst noch so törichte Prophezeiung in einer hohen Auflage verbreitet werden konnte. Aber den guten Ruf der Astrologie haben letztlich auch sie nicht ruiniert.

Nein, es waren die Astrologen selbst. Als im 16. und 17. Jahrhundert durch immer neue Entdeckungen die Erde ihre zentrale Stellung verlor und sich ein völlig neues naturwissenschaftliches Verständnis durchsetzte, versuchte die Astrologie mitzuhalten und verlor wegen ihrer unhaltbaren Thesen jeden Kredit in den gelehrten Kreisen. Schon Kepler, der seiner Zeit um Jahrzehnte voraus war, hatte die Astrologen gewarnt und ihnen geraten, ihre Kunst nicht auf einen naturwissenschaftlichen, sondern auf einen philosophischen Boden zu stellen. Er sagte, es sei unmöglich, zu denken, dass die Sterne mittels irgendwelcher Strahlungen die menschliche Seele berühren könnten. Er sprach in diesem Zusammenhang von einem astrologischen Instinkt, der im menschlichen Geist verankert sei. Aber sein »psychologischer Ansatz« wurde überhört und ging schließlich völlig unter. Die Astrologen sahen sich im Gegenteil dazu veranlasst, immer hanebüchenere »wissenschaftliche« Thesen aufzustellen. Die Folge war ein gewaltiges Gelächter der gesamten gelehrten Welt im 17. Jahrhundert, das bis heute noch nicht verklungen ist.

Der Neubeginn

Erst im 19. und dann besonders im 20. Jahrhundert besann sich der Mensch wieder vermehrt seiner fernen Vergangenheit. Der Schweizer Psychiater C. G. Jung etwa sagte, dass die Astrologen endlich darangehen müssten, ihre Projektionen, die sie vor Jahrtausenden an den Himmel geworfen hätten, wieder auf die Erde zurückzuholen. In jeder menschlichen Seele seien die Kräfte der astrologischen Archetypen, der archaischen Urbilder, enthalten und dort wirksam. So wird der Raum am Himmel mit den Zeichen und Planeten zu einer Landkarte menschlicher Anschauung. Dabei ist es nicht so, dass zum Beispiel der Planet Mars die Geschicke *bestimmt*, sondern er *zeigt* durch seine Position den Gesetzen der Analogie folgend *auf*, was in der menschlichen Seele vor sich geht.

Nach seiner jahrtausendelangen Reise heraus aus der Allverbundenheit hat der Mensch also begonnen, den Bezug zu seinen Ursprüngen wiederherzustellen. Er besinnt sich als kritischer und freier Geist darauf, was schon immer in ihm vorhanden war. Damit beginnt die Ära einer psychologischen oder philosophischen Astrologie. Und das ist auch die Geburtsstunde einer Astrologie, die ganzheitlich denkt und arbeitet.

In etwa parallel zu dieser allmählichen Hinwendung zur Psychologie und Philosophie übernahmen Computer mit entsprechender Software den komplexen Rechenvorgang zur Erstellung eines Geburtshoroskops. Bis vor vielleicht zehn, zwanzig Jahren gehörte es zum Standardkönnen eines jeden Astrologen, Horoskope zu berechnen und zu zeichnen. Dies ist sehr wahrscheinlich einer der Gründe, warum Frauen unter den Sterndeutern damals deutlich in der Minderzahl waren. Es ist einfach nicht ihr Metier, sich mit trockenen Zahlen und komplizierten Berechnungen herumzuschlagen, wo es doch um seelische Vorgänge geht – und diese Feststellung ist in keiner Weise abwertend gemeint, denn heute sind Frauen unter den Astrologen bei weitem in der Überzahl.

Der PC spuckt nach Eingabe von Name, Geburtsdatum, -ort und -zeit in Sekundenschnelle das Horoskop aus. Die astrologische Kunst scheint jetzt »nur« noch darin zu bestehen, die Konstellationen richtig zu deuten. Und auch hier ersetzt der Computer mehr und mehr den Astrologen. Es gibt schon seit einigen Jahren Programme, die mit entsprechenden Textbausteinen zu bemerkenswert treffenden Aussagen kommen. Ist dies nun das Ende der Sterndeuter? Ich meine: im Gegenteil! Überlassen wir dem »Computer-Astrologen« ruhig die Grundarbeit. Das spart Zeit. Dafür kann der »Mensch-Astrologe« die einzelnen Fakten im Sinne einer ganzheitlichen Schau zusammentragen und sich völlig dem Verständnis der einmaligen, individuellen Persönlichkeit widmen. Ebendafür ist ein großes Maß an Intuition, die ja gerade eine weibliche Stärke ist, mit Sicherheit von Vorteil.

Teil I
Das Tierkreiszeichen

Wichtiges und Grundsätzliches

Die Erde dreht sich bekanntlich einmal im Jahr um die Sonne. Von uns aus gesehen, scheint es aber so zu sein, dass die Sonne eine kreisförmige Bahn um die Erde beschreibt. Der Astrologie wird vielfach vorgeworfen, sie ignoriere diesen grundlegenden Unterschied. In Wirklichkeit ist er für die astrologischen Horoskopdeutungen jedoch nicht von Bedeutung.

Diesen in den Himmel projizierten Kreis nennt man »Ekliptik«. Die Ekliptik wird in zwölf gleich große Abschnitte gegliedert, denen die Namen der zwölf Stern- bzw. Tierkreiszeichen zugeordnet sind. Zwischen dem 21. April und dem 20. Mai durchläuft die Sonne gerade den Abschnitt Stier, weswegen dieses Tierkreiszeichen auch das »Sonnenzeichen« genannt wird.

Beginnen wir jetzt mit der Betrachtung des Sonnen- oder Tierkreiszeichens, dem dieser Band gewidmet ist, um zunächst einmal herauszufinden, was denn nun »typisch Stier« ist.

Wie wird man ein Stier?

Kinder des Himmels

Wer Anfang Dezember um Mitternacht in den Himmel schaut, wird sicher zuerst das mächtige Sternbild Orions erkennen. Der rhombische Körper mit dem geschwungenen Schild fällt jedem Beobachter sofort auf. Orion ist das Wahrzeichen des winterlichen Sternenhimmels. Direkt über diesem Sternbild befindet sich ein rötlich flackernder Stern: Aldebaran, das Auge des Stiers.

Die anderen Lichter, die zu diesem Sternbild gehören, sind nicht so leicht auszumachen. Links von Aldebaran sind die beiden Hörner, rechts der Kopf mit Rumpfansatz. Über dem Stierkopf befinden sich die Plejaden. Sie sehen aus wie eine silberne Perlenschnur oder eine Krone. So offenbaren sich dem stillen Betrachter zwei Seiten des Sternbilds Stier: Die Perlenkette steht für Schönheit und Reichtum. Aldebaran verweist auf Leidenschaft und Zorn.

Kinder ihrer Jahreszeit

Wenn die Sonne am 21. April das Tierkreiszeichen Stier betritt, beginnt eine Zeit, von der es heißt, dass sie am allerschönsten sei. An grünen Halmen, Zweigen und Ästen öffnen sich die Knospen, und Millionen zarter Blüten zeigen sich dem Licht. Die Natur ist in sich selbst verliebt, vollendet wie das Paradies. Und trotzdem erfüllt die ganze Pracht nur einen einzigen Zweck: den männlichen Pol anzulocken.

Auch in der Tierwelt schmückt sich das Weibchen und verführt den männlichen Widerpart: Es spreizt sein Gefieder, färbt seinen Bauch oder lockt mit den süßesten Tönen. Alles zeigt sich von seiner prächtigsten Seite, rivalisiert um Schönheit und kämpft um den ersten Rang, als gäbe es auf einem gigantischen Ball einen Wettbewerb nach Tönen, Düften und Farben. In keiner anderen Zeit des Jahres ist der Reichtum der Natur so üppig.

Kinder der Kultur

Anfang Mai wurden früher auf dem Land Feldumgehungen durchgeführt. Man opferte einen Hahn oder einen Hasen und gedachte der Fruchtbarkeitsgötter, damit sie den Menschen ein reiches Jahr schenken würden. Noch heute segnet der Geistliche während des Fronleichnamsumzugs die aufgegangene Saat und die Wiesen.

Am 1. Mai traf sich die Landbevölkerung unter dem Maibaum. Er wurde von den Burschen manchmal noch während der Winterzeit

in oft waghalsigen Aktionen im Wald geschlagen. Dann, am 1. Mai, tranken sie sich Mut an, während die hübschen Mädchen unter dem Maienstamm tanzten. Sie trugen Kleider so bunt wie die Natur und reizten die Jungen mit betörenden Düften und tänzelnden Bewegungen. Auch heute noch gibt es vielerorts diesen Brauch, bei dem weibliche Schönheit mit männlicher Kraft zusammentrifft. Dabei wird noch eine Maienkönigin auserkoren, die dann mit demjenigen jungen Mann das Fest eröffnet, der am mutigsten den Maibaum erklommen hat.
In der Nacht vor dem 1. Mai ist die Walpurgisnacht. Da trafen sich – so die Mär – die wilden Frauen, Hexen und Zauberinnen an geheimnisvollen Plätzen wie dem Blocksberg. Auch dort ging es angeblich um einen Wettbewerb, allerdings nicht um Schönheit, sondern um magische Kraft. Denn die mächtigste aller Hexen wurde in einem orgiastischen Ritual mit dem Teufel vermählt.
So spiegeln die Sitten und Bräuche der Zeit einerseits Reichtum, Schönheit und das Spiel weiblicher Verführung wider, und auf der anderen Seite zeugt die Walpurgisnacht von bedrohlichen Kräften, vehementen Emotionen und verschlingender Leidenschaft.

Kinder der Tierwelt

Ein richtiger Stier ist die imposanteste Erscheinung auf dem ganzen Hof. Mit seinen kurzen Beinen, dem massigen, gedrungenen Körper und dem Schädel, der ohne Übergang aus dem Rumpf herauswächst, flößt er sogleich Achtung und Bewunderung ein. Er ist zeugungsfähig, während seine entmannten Brüder ein herberes Dasein als Ochsen führen, weil sie zur Arbeit eingespannt werden, bevor sie ihr Dasein beenden und fürderhin als Suppeneinlage dienen. Der Stier aber ist auserwählt, den weiblichen Tieren die besten Nachfahren zu garantieren. In unseren Tagen ist der prächtige Stier immer mehr von der Besamungsmaschinerie abgelöst worden und höchstens noch als Spermienspender ein Relikt seiner großartigen Zeit. Nur in der Arena südlicher Länder blieb er der große Star. Dort reizt und quält man ihn auch heute noch so lange, bis er schließlich explodiert. Ein wildgewordener Stier ist so ziemlich das gewalttätigste Wesen, das es gibt.

Stiere haben aber auch eine äußerst friedfertige Seite. Sie gehören zur Familie der Huftiere, die so gutmütig ist, dass sie wohl längst ausgestorben wäre, wenn man ihr nicht Milch und Fleisch abgewinnen könnte. Eine blühende Maiwiese mit einer Herde ruhig grasender Kühe vermittelt dem Betrachter ein Bild der Eintracht und des tiefsten Friedens. Reizt man diese Tiere nicht, kann man sich ohne weiteres neben ihnen ins Gras sinken lassen. Stiere sind Wiederkäuer. Jede aufgenommene Nahrung wird mehrmals durchgekaut und in mehreren Etappen verdaut.

Ruhe und Behaglichkeit im Schlaraffenland

Stiermenschen sind die Ruhe selbst. Sie essen, dösen, verdauen, denken nach ... Sie messen ihre Lebensqualität am Quantum Ruhe und Sinnlichkeit, das sie haben und genießen können. Eines jeden Stieres Traum ist ein Leben, das möglichst viel von dieser Ruhe und Gelassenheit bietet: ein Haus mit Garten oder ein Penthouse mit Balkon, damit man sich an warmen Tagen der Sonne hingeben bzw. im Schatten ruhen kann. In der Wohnung sollen große, massive Möbel stehen, Sessel, in denen man bequem entspannen kann, ein Bett so groß, dass man längs und quer liegen kann. Wichtig sind zudem ein voller Kühlschrank, ein Keller oder Speicher mit Vorräten und ein solides Auto, bei dem man sich weder beim Einsteigen durch die Tür zwängen noch während der Fahrt ständig klein machen muss. Und dieses Auto soll gut gefedert und weich gepolstert sein. Das Stiermotto lautet: »Das Leben ist reich und sprießt im Überfluss!« In der Psyche eines jeden Stiers existiert dieses Bild unendlicher Fülle.

Einmal fuhr ich mit einem Ehepaar (beide waren Stiergeborene) in den Urlaub, und zwar mit zwei Autos. Unser Ziel war Korsika, und wir hatten vor, dort drei Wochen auf einem Zeltplatz zu wohnen. Bei der Abfahrt in München traute ich meinen Augen nicht. Das Auto, ein Käfer, war dermaßen mit Lebensmitteln vollgestopft, dass es hinten nur noch wenige Zentimeter vom Boden entfernt war. Nun liegt Korsika nicht am Ende der Welt, sondern ist ein Paradies, gesegnet mit italienischen und französischen Delikatessen. Aber das schien das Stierehepaar nicht davon abzuhalten, sich den eigenen Lebensmittelvorrat mitzunehmen; denn wie ich erfuhr, waren sie Vegetarier, die sich sogar ihr eigenes Brot buken. Deswegen lag ein halber Zentner Getreide im Auto und eine eiserne Mühle, die zwei Personen ein- und ausladen mussten. Wir fuhren los, kamen aber nicht weit. Kurz vorm Brenner brach eine Verstrebung der Hinterachse, und meine Stierfreunde mussten auf den größten Teil ihrer Vorräte erst einmal verzichten.

Stiere sind Paradegenießer, Gourmets und Schlemmer wie aus dem Kochbilderbuch, lustbetont bis in die Zehenspitzen. Alle Leckereien dieser Welt – vom Kalbsbries bis zur Champagnerpraline, von einer Mousse au Chocolat bis zu Marillenknödeln – entstanden irgendwann in den Küchen von Stiergeborenen. Kein Wunder also, dass sie neben den Krebsen die besten Köche der Welt und außerdem überall dort anzutreffen sind, wo Essen hergestellt, aufbewahrt und verkauft wird.

Wo Stiere sind, kommt das Leibliche nie zu kurz. In Seminaren erlaube ich mir gelegentlich im Scherz einen Test. Kurz vor der Mittagspause sage ich, dass ich gern über die Pause hinweg weiterarbeiten würde, und frage, ob jemand etwas dagegen hätte. Natürlich gibt es Widerspruch. Ungefähr jeweils die Hälfte aller Teilnehmer möchte auf ihr Mittagessen und die anschließende Pause für kein Seminar dieser Welt verzichten. Wenn ich mich dann nach den Sternzeichen erkundige, sieht das Ergebnis immer gleich aus: Noch nie hat ein Stier für die Fortsetzung des Seminars gestimmt.

Heute weiß ich und kann mich darauf verlassen, dass sich – sollte ich während eines Seminars einmal die Pause vergessen – irgendwann ein Stier meldet.

Der Stier ist auf der Welt, um für Sinnlichkeit und Gemütlichkeit zu sorgen. Das gehört zu seinen wichtigsten Aufgaben. Es läuten sämtliche Alarmglocken, wenn diese Prinzipien vernachlässigt werden.

So wie wahrscheinlich (echte) Stiere von grünen, saftigen, satten Wiesen träumen, so träumen Stiermenschen von einer Wiese, auf der das Geld einfach wächst. Das Schlaraffenland, in dem einem die gebratenen Hühner um den Mund fliegen: Das wäre nach ihrem Geschmack. Noch lieber aber hätte der Stiergeborene einen Esel wie in Grimms Märchen, der, wenn man »Bricklebrit« sagt, Geldtaler spuckt. Walt Disneys Dagobert Duck ist die leibhaftige Verkörperung des Stierprinzips: Kopfüber springt er in seine Geldberge und badet darin wie in einem Swimmingpool.

Heißt das nun, dass Stiere geldgierig sind? Die Frage ist falsch gestellt! Für einen Stiermenschen ist Geld das Gleiche wie das Gras für den richtigen Stier oder die Luft für einen Vogel. Es gehört zu seiner Lebenssubstanz, daher versucht er, so viel wie nur irgend möglich zu kriegen. Das Erstaunliche ist, dass Stiere tatsächlich leichter zu Geld kommen als andere. Es ist, als sollte ihnen im Äußeren gespiegelt werden, was in ihrem Inneren bereits vorhanden ist: Reichtum und Überfluss. Ich bekomme mehr und mehr das Gefühl, dass nicht nur Stiermenschen Geld besonders gern haben, sondern dass es auch umgekehrt so ist: Das Geld liebt den Stier und fließt am liebsten in seine Richtung. Aber Stiere arbeiten für ihr Geld – und wie. Das tun andere zwar auch, nur sie haben am Ende eben mehr. Vielleicht beruht ihr Glück aber auch darauf, dass sie es am besten verstehen, das Verhältnis von Geben und Nehmen zu ihren Gunsten zu verschieben. Sie können für das, was sie geben, am meisten herausschlagen. Jedenfalls lässt sich in 99 von hundert Fällen sagen: Wo ein Stier ist, da ist auch Geld.

Ich kenne einen Clochard, der in meiner Nähe unter einer Brücke haust. Das muss man sehen, um es zu glauben! Dieser Mann hat sich dort einen richtiggehenden Laden eingerichtet – mit Büchern, Kleidern und Gebrauchsgegenständen. Sogar Alkoholika verkauft er. Alles, was er anbietet, bekommt er geschenkt. Auch wenn dieser Mann ein armer Schlucker ist, der sommers wie winters unter der Brücke wohnt, macht er aus seiner Lage das Beste – und er ist ein Stier. Einzig und allein Krebsgeborene haben einen ähnlich starken Erwerbs- und Vermehrungstrieb.

Wer als Stier jetzt protestiert, ist vielleicht tatsächlich eine der ganz wenigen Ausnahmen mit wahrscheinlich einem extrem anderen Mondzeichen oder Aszendenten. Viel wahrscheinlicher allerdings ist er trotzdem ein völlig typischer Stier, das heißt, dass er durchaus etwas besitzt, es aber als zu gering einstuft. So verfahren nämlich die allermeisten Stiere: Sie haben immer zu wenig! Das ist sozusagen ihre Motivation. Indem sie »mehr« denken, sagen und verlangen, häufen sie ihre Reichtümer an. Der Stiergeborene Thomas Gottschalk, einer der reichsten europäischen TV-Moderatoren, sagte, dass er das Geld aus seiner Werbung für die bekannten Gummibärchen zum Leben brauche.

Der Umgang mit Reichtum geschieht bei Stieren auf natürliche Art und Weise, wie ein Baum, der wachsen will, starke Wurzeln schlägt. Und so, wie die Natur im Mai jeden Platz zum Paradies gestaltet. »Wenn ich schon lebe«, sagt sich der Stier, »dann mache ich das Beste aus meinem Leben. Und wenn ich schon an einem Platz bleiben muss, dann soll er der schönste Flecken dieser Erde sein!« Der Stier vertritt den Frühling, die Zeit des Überflusses. Es ist seine Aufgabe, allen anderen – wenn sie es schon nicht selbst genießen können – den Reichtum und die Schönheit des Lebens vor Augen zu halten. Es ist ihre »astrologische Pflicht«, im Überfluss zu leben.

Ein Sammler und Bewahrer

Ein Stier, der diese Welt betritt, merkt dann doch sehr schnell, dass er weder im Schlaraffenland noch im Paradies gelandet ist und auch nicht auf einer immergrünen Wiese mit gelben und weißen Blumen lebt, sondern dass es sich bei allem, was eines Stieres Herz so freut, um knapp bemessene Güter handelt. Aus diesem Grund setzt bei jedem Stier sehr früh ein enormes Besitzstreben und Revierverhalten ein: Gibt es schon nicht unendlich viel und im Überfluss, dann muss das, was vorhanden ist, ordnungsgemäß aufgeteilt werden, und es hat vor allem geregelt zu sein, wem was gehört.

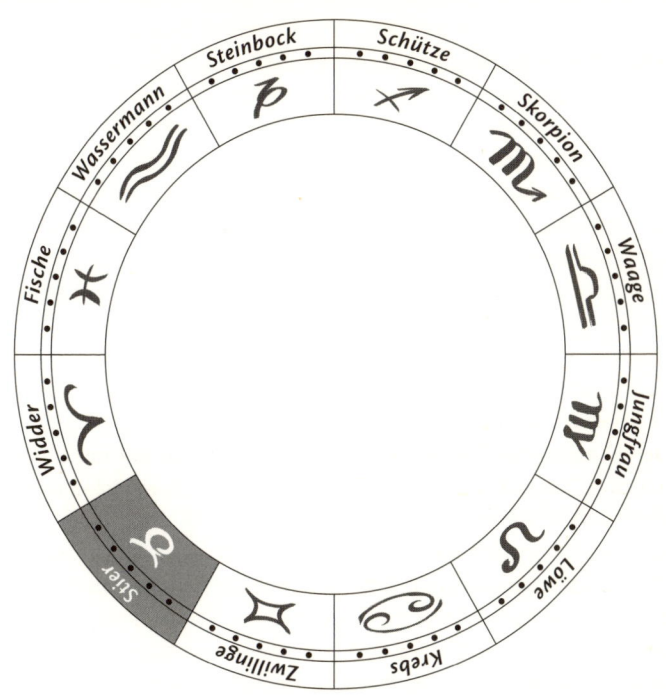

Auf der Ebene des Widders, dem ersten astrologischen Zeichen, herrscht das Prinzip des Gegeneinanders. Im zweiten Zeichen, dem Stier, ist diese Phase abgeschlossen und macht einem geregelten Miteinander Platz. Man kann sich das etwa so vorstellen wie beim amerikanischen Goldrausch um die Mitte des 19. Jahrhunderts. Alles, was sich bewegen konnte, machte sich eilends auf, um als Erster anzukommen und somit die Chance zu haben, die ertragreichsten Claims abzustecken. War aber die Aufteilung einmal erfolgt, achtete jeder sorgsam darauf, dass es keine Übergriffe auf seine Schürfstelle gab: Das Privateigentum war »heilig« geworden.

Für den Stier ist das, was er einmal in Besitz genommen hat, sein Heiligtum, das er unter gar keinen Umständen mehr hergeben will. Wer ein Stierkind großgezogen hat, weiß, welche kolossalen Probleme damit verbunden sein können. Denn für ein Stierkind ist alles schon Eigentum, was es mit seinen Händchen berührt oder auch nur im Schaufenster gesehen hat; und es schreit Zeter und Mordio, wenn man ihm etwas wegzunehmen versucht. Groß geworden, handelt es sich beim Stier um den Vertreter der freien Marktwirtschaft par excellence. Er ist aber durch und durch sozial und erwartet das auch von seinen Mitmenschen, weil es seiner Meinung nach die einzige Möglichkeit ist, um auch den eigenen Besitz zu schützen.

Es ist wirklich eine Paradoxie des Schicksals, dass der Mann, der den Kommunismus begründet hat, nämlich Karl Marx, eine Stiergeborener war. Wenn man seinen astrologischen Stammbaum mit in Betracht zieht, bekommt sein *Kommunistisches Manifest* eine etwas andere Bedeutung: Marx wollte ganz sicher nicht, dass niemand mehr etwas besitzt oder alle alles haben (so etwas kann ein Stier einfach nicht vertreten), sondern er wollte, vereinfacht ausgedrückt, den Besitz umverteilen, damit jeder oder zumindest jeder arbeitende Mensch etwas erwerben und behalten könne. Im Grunde wollte er – also ganz Stier – die Besitzfrage neu regeln, weil er in ihr die Ursache für den Unfrieden auf Erden sah.

Nur Krebsgeborene sind gleichermaßen stark bedacht, ihr Eigentum zu schützen und zu verteidigen. Krebse und Stiere gleichen sich auch darin, alles zu sammeln und aufzuheben. Ein erwachsener Stier, der seine Spielsachen »entsorgt« hat, ist eine Seltenheit. Ein großer Speicher bzw. Keller ist für einen Stier ein Muss. Denn dort kann er alle die Dinge verwahren, die im Moment vielleicht keinen Nutzen haben, aber vielleicht morgen oder übermorgen sehr wichtig sind.

Dieses Verwahrungs- und Besitzstreben von Stiermenschen hat eine hübsche Parallele zum Stier der Gehöfte und Weiden. Der macht nämlich etwas ganz Ähnliches wie Menschen, die das, was sie aufbewahren, immer wieder hervorholen, betasten und betrachten ... Er käut alles mehrmals wieder.

Nicht nur mit Materiellem und Physischem verfährt der Stier auf solche Weise, sondern auch mit Geistigem. Sein Wissen ist Besitz, und Wissen lässt sich ebenfalls anhäufen. Je mehr Kenntnisse man erwirbt, umso reicher ist man und hat damit – zumindest aus der Perspektive des Stiers – desto mehr Lebensqualität gefunden.

Ich begegne diesem Prinzip auch in meinen Sitzungen. Ein Widder beispielsweise nimmt alles, was ich zu ihm sage, begierig auf und kann es dann kaum erwarten, wieder hinauszutreten ins Leben, um seine neuen Erkenntnisse auszuprobieren. Ein Skorpion wiederum kann von einer einzigen Erkenntnis während einer Sitzung so fasziniert sein, dass sie ihn über alles beschäftigt und er nichts weiter aufnehmen kann und will. Ein Stier ist ganz anders. Erstens möchte er, dass ein Tonband mitläuft, damit er hinterher jederzeit das Ganze noch mehrmals »wiederkäuen« kann. Des Weiteren versucht er, aus einer neunzig Minuten dauernden Sitzung so viel wie nur möglich herauszuholen. In der Regel beginnt er kurz vor Schluss noch irgendein wichtiges Thema anzuschneiden – in der Hoffnung, dadurch die Stunde eventuell zu verlängern.

Ich muss es an dieser Stelle einfach noch einmal betonen: Der Stier ist nicht gierig, geizig oder materialistisch – wenigstens nicht mehr als andere Tierkreiszeichen. Er ist äußerst sozial, wozu auch gehört, dass er jedem, der in Not ist, hilft, ihm beisteht und ihn schützt. Der Stier will nicht unbedingt mehr als die anderen. Sein Ideal ist eine Gemeinschaft von Menschen, in der jeder im Überfluss leben kann.

Er ist wie gesagt ein Geschöpf der Frühlingsmonate April und Mai, geboren in einer Zeit, die keine Begrenzung und keine Not kennt. Diesen seinen Geburtszustand möchte er am liebsten bis in alle Ewigkeit erhalten. Deswegen ackert, sammelt, häuft er alles Mögliche an. Letztendlich ist sein ganzes Tun nichts anderes als ein verzweifelter Versuch, die Vergänglichkeit des Frühlings – und damit des gesamten Lebens – aufzuhalten.

Das Glück der Erde

Stiere sind erdverbundene Menschen. Das zeigt sich in ihrer Liebe zur Natur, ihrer Begeisterung über einen sonnigen Tag oder einen blutroten Sonnenuntergang. Die Natur ist auch ein Allheilmittel für den Stier. Er muss nur raus aus seinem Zimmer oder Büro, sich in der Natur bewegen, den Boden unter den Füßen fühlen, einen Baum berühren – und er fühlt sich besser.

Er erlebt sich auch selbst in besonderem Maß als ein Geschöpf der Natur und ihrer Zyklen: Im Winter lebt er zurückgezogen, die Kräfte des Frühlings wecken auch seine Säfte, den Sommer genießt er, und im Herbst befällt ihn eine gewisse Schwere und Traurigkeit. So betrachtet, ist der Stiergeborene ein einfacher Mensch, der mit den äußeren Gegebenheiten lebt und sich einfügt in den Lauf der Zeit.

Ähnlich verhält er sich gegenüber sozialen Gegebenheiten. Zum Beispiel misst er den Charakter eines Menschen gern an Äußerlichkeiten. Ob jemand saubere Schuhe hat oder frisch rasiert ist, verrät ihm mehr über das Wesen, als was der oder die Betreffende sagt. Er legt auch viel Wert auf sogenannte Statussymbole wie Zeugnisse, Diplome, die Doktorwürde oder Symbole materieller Art wie Einkommen, Automarke, Urlaubsort und Wohngebiet. Er glaubt an eine Ordnung, er lebt selbst nach dieser Ordnung, und er erwartet, dass alle anderen sich ihr auch anschließen.

Aber er ist bei alldem kein Egoist. Er denkt nicht nur an sich und seine eigene Position. Der Stier sieht das Ganze. Er weiß, dass er nicht glücklich sein kann, wenn die anderen es nicht auch sind. Von daher ist er sehr wohl am Schicksal seiner Mitmenschen interessiert und hilft, wo er kann. Ich kenne einen pensionierten Rechtsanwalt, einen Stier. Jahrelang opferte er einen großen Teil seiner Zeit, um in Not geratene Menschen juristisch zu beraten, und verlangte dafür keinen Cent.

Stiere sind gütige, hilfsbereite Menschen. Aber sie sind keine Reformer und schon gar nicht Revolutionäre. Sie helfen, wenn jemand in Not ist, aber sie werden von keinem Helfersyndrom geplagt. Eher leben sie nach den Mottos »Jeder ist seines Glückes Schmied« und »Man muss die Suppe selbst auslöffeln, die man sich eingebrockt hat«.

Ob »stur« von »Stier« kommt?

Haben Sie je versucht, einen Stier – ich meine jetzt den auf der Weide – von dem Platz wegzubekommen, an dem er sich gerade befindet? Wahrscheinlich nicht, es sei denn, Sie sind auf dem Land aufgewachsen. Jedenfalls ist es ein nahezu unmögliches Unterfangen. Ein Stier bleibt dort, wo er einmal ist, und geht dorthin, wofür er sich entschieden hat.

Eine groteske Auswirkung dieser »stierischen« Eigenart kann man in Indien beobachten. Dort sind Kühe und damit auch Stiere heilig. Das heißt, dass man ihnen kein Leid zufügen darf. Die Folge ist, dass diese Tiere überall herumlaufen und sich niederlassen, wo sie wollen. Stiere können im größten Verkehrschaos mitten auf einer Kreuzung stehen, den Verkehr blockieren – durch nichts auf dieser Welt lassen sie sich von ihrem Platz vertreiben.

Des Stieres Mischung aus Gutmütigkeit, Hartnäckigkeit und Sturheit ist nicht zu überbieten. Ein Stiergeborener, der sich etwas in den Kopf gesetzt hat, ist davon nicht mehr abzubringen. Er denkt, handelt, fühlt immer nur eingleisig: »Entweder so – oder gar nicht.« Variationen, Alternativen, Kompromisse, Umwege, das alles kommt im Repertoire eines Stieres nicht vor.

Es gibt in der Astrologie drei grundsätzlich verschiedene Varianten, mit der Welt umzugehen: kardinal, fix und veränderlich. Widder, Krebs, Waage und Steinbock zählen zu den kardinalen Zeichen (Eckzeichen, die jeweils ein Viertel des Tierkreises »eröffnen« und von besonders vitaler und drängender Natur sind). Zu den variablen oder beweglichen Zeichen rechnet man Zwillinge, Jungfrau, Schütze und Fische (wie der Name schon andeutet, sind sie eher von flexibler, ausgleichender und anpassungsfähiger Natur). Die dritte Kategorie umfasst die fixen Sternzeichen. Dazu gehören, wie man sich denken kann, der Stier, außerdem der Löwe, der Skorpion und der Wassermann. Ihre Stärken sind, an etwas »dranzubleiben«, es zu Ende zu bringen. Ihre Schwächen liegen darin, dass sie nicht loslassen können, fixiert sind. Und unter allen festen Sternzeichen ist der Stier das fixierteste.

Stiere sind wie gesagt die sanftmütigsten Geschöpfe der Welt. Es gibt welche unter ihnen, denen könnte man brennende Äste zwischen die nackten Zehen stecken. Man kann sie beschimpfen oder mit geballten Fäusten auf ihrer Brust herumtrommeln. Nichts wird geschehen, nichts, der Stier wird lächeln! Aber wehe, dreimal wehe, wenn man ihm etwas wegnimmt, was er zu seinem Besitz erklärt hat. Er rastet aus, läuft Amok, walzt alles nieder. Rien ne va plus – nichts geht mehr! Ein wild gewordener Stier ist so ziemlich das Schlimmste, was es gibt. Da helfen kein gutes Zureden und keine Drohungen, Gewalt bricht heraus wie bei einem Verderben speienden Vulkan. Es ist letztendlich der Zorn über eine Welt, die ihn, den Stier, nicht in Ruhe lässt, ihm etwas wegnimmt, das ihm gehört, ihn seines Raums, seiner Würde beraubt.
Ein besonders hinterhältiges Vorgehen zeigen die Menschen, die diese an sich gutmütigen Tiere in Rage bringen, um sie dann in Stierkämpfen systematisch abzuschlachten. Denn ein Stier denkt überhaupt nicht daran, sich mit irgendjemandem anzulegen. Man muss ihn daher erst halb verhungern lassen, in dunkle Gewölbe sperren, dann plötzlich ins grelle Sonnenlicht zerren, mit spitzen Messern terrorisieren und ihm schließlich ein rotes Tuch vor Augen halten, um ihn zu dem zu machen, was die Menge in der Arena dann bejubelt: einen »Killerstier«, der allerdings gar keine andere Wahl hat.
Bei wütenden Stiermenschen verhält es sich ähnlich. Quälereien und Beleidigungen ertragen sie lange stoisch. Erst der berühmte letzte Tropfen bringt das Fass zum Überlaufen. Zornerfüllten Stiermenschen muss man zunächst unbedingt aus dem Weg gehen. Aber wenn sich der Vulkan beruhigt hat, ist es wichtig, darüber zu reden, wie es zu dem Ausbruch hat kommen können.

Liebe, Sex und Partnerschaft

Es muss nach dem bisher Gesagten kaum betont werden, dass der Stier das Symbol für Sinnlichkeit und Lust schlechthin ist. Aber der Vollständigkeit halber sei es erwähnt: Auf den Bauernhöfen der früheren Zeiten hielt man sich einen Stier, damit bei den Kühen für Nachwuchs gesorgt war. In aller Regel genügte ein einziger Stier für diesen Zweck, weshalb man andere männliche Kühe beizeiten kastrierte und damit zu Ochsen degradierte. Einmal »entmannt«, sind diese Tiere viel umgänglicher, sie konnten daher gut zu all den Arbeiten herangezogen werden, die auf einem Bauernhof getan werden mussten, zum Beispiel einen Pflug oder Karren ziehen. Undenkbar, einen derartigen Job von einem Stier zu verlangen! Ein seiner Männlichkeit beraubter Stier hingegen hat auch seinen eigenwilligen Charakter unwiederbringlich verloren.

Ein unkastrierter Stier dagegen hatte nichts anderes zu tun, als dann und wann eine Kuh zu schwängern – ein großes Privileg, das sich jedoch nicht jeder Bauer leisten konnte. Daher wurde es immer mehr Usus, dass ein Stier nur an besonders großen Höfen gehalten und den kleineren als Zuchtbulle ausgeliehen wurde. Bekanntermaßen ist auch das inzwischen überholt. Man benötigt nur noch seinen Samen, der in Kühlbehältern aufbewahrt und zu gegebener Zeit den Kühen eingespritzt wird.

Aber der Mythos vom allzeit potenten Stier, dem Zuchtbullen, blieb und hat sich restlos auf die Menschen übertragen, die in seinem Zeichen, also gegen Ende April und in den ersten drei Maiwochen, geboren werden.

Was ist dran an dieser Geschichte? Zunächst einmal sind Lust und Sinnlichkeit für einen Stier das Allernormalste und Selbstverständlichste dieser Welt. Ist die Zeit, in die er hineingeboren wird, nicht voller Sinnlichkeit? Man denke nur an den Duft von Flieder oder an den Geschmack einer Maibowle! Sämtliche Sinne werden angesprochen: Geruch, Geschmack, Gehör, Sehen und Berühren. So wie Obelix aus seinem frühkindlichen Fall in den Zaubertrank für immer unendliche Kraft bezogen hat, so wird ein Stier bereits bei seiner Geburt mit einem unsagbaren Reichtum an Lust und Sinnlichkeit gesegnet, der sein Lebtag lang nicht mehr versiegt. Wenn es um Liebe geht, verkörpert der Stier das Urprinzip von Wollust: die Frau mit den üppigen weichen Rundungen, immer bereit zur Lust; der Mann mit den breiten Schultern und kräftigen Lenden – immer und unendlich potent.

Eine nette Bestätigung »stierischer« Lust fand sich seinerzeit in einer Äußerung des Hollywoodstars und Stiers Jack Nicholson. Im Zusammenhang mit der Sexaffäre des einstigen amerikanischen Präsidenten Bill Clinton mit Monica Lewinsky sagte Nicholson: »Weiter so, Bill, du machst das großartig! Was wäre denn die Alternative dazu: ein Präsident, der keinen Sex hat?«

Jedem Sternzeichen zugeordnet ist ein Planet, in der Astrologie als »Herrscherplanet« bezeichnet. Der Herrscherplanet des Stierzeichens ist die Venus oder – wie die Griechen sie nannten – Aphrodite. Man gab ihr auch den Beinamen »Schaumgekrönte«, weil sie dem Meer entstiegen war (lesen Sie im Kapitel »Venus – Die Liebe«, welche Attribute man ihr zusprach).

Aphrodite schenkt ihre Schönheit und Sinnlichkeit nicht nur ihren weiblichen Erdenkindern, sondern genauso den männlichen. Aber, so wird man vielleicht einwenden wollen, wie steht's denn mit der Liebe? Bisher wurde nur von der enormen Sinnlichkeit des Stiers gesprochen. Liebe und Sinnlichkeit, sind das nicht zwei verschiedene Paar Schuhe?

Normalerweise schon, aber nicht bei einem Stier! Der Satz, dass Liebe durch den Magen geht, wurde bestimmt von einem Stier erfunden. Er liebt nun einmal, was er sehen, riechen, anfassen, schmecken kann. Die Liebe, die er von seinem Partner bzw. seiner Partnerin erhält, misst er daran, wie oft er geküsst wird, wie viele Orgasmen er bekommt und wie das Wiener Schnitzel schmeckt, das er/sie auf den Tisch stellt.

Der Nachteil liegt auf der Hand: Ein waschechter Stier ist kaum für eine romantische, exaltierte Liebesgeschichte zu haben, die den Himmel berührt, dazu fehlt ihm wohl eine seelische Dimension. Aber einen Vorteil hat das auch: Der Stier ist sehr leicht (ver-)führbar, und er ist treu.

Der Astro-Flirt

Der Stier ist kein Meister im Anbandeln sowie im Kontaktaufnehmen und Freundschaftschließen. Dafür wird er in aller Regel erstens zu bequem, zweitens zu inflexibel sein, und drittens kann er's auch ganz gut allein. Diese ganze Prozedur – ausgehen, jemanden treffen, um ihn werben, sich verabreden – ist ihm viel zu aufwendig. Da bleibt der Stier lieber solo, bis irgendein Wunder geschieht und er jemanden trifft, der ihm gefällt – und umgekehrt. Im Grunde ist diese Tour auch gar nicht schlecht. Viele andere Solisten, Widder, Waagen oder Wassermänner zum Beispiel, unternehmen alles, um jemanden zu finden, und geraten dabei nur unter Druck. Da wirkt man dann ganz schnell verkrampft, und das bringt außer einer meistens enttäuschenden Affäre gar nichts.

Liebe kann man nicht erzwingen, das ist zumindest die Philosophie von Herr und Frau Stier, und deswegen warten sie lieber, bis das Schicksal es anders bestimmt. Stiermänner sind durchaus auch bereit, sich über solche Durststrecken mit Affären oder auch professionellen Damen hinwegzutrösten. Stierfrauen haben es schwerer. Aber aufgrund ihrer Sinnlichkeit finden sie allemal einen Mann, mit dem sie wenigstens eine amüsante Nacht verbringen können. Heutzutage ist käufliche Liebe auch für Frauen kein Tabuthema mehr. Die »Stierin« gehört bestimmt zu denen, die diesbezüglich wenig Bedenken hätten.

Da Stiere Genießer sind, treffen sie am ehesten geeignete potenzielle Partner auf Partys, Festen und Feiern. Ferienclubs sind ebenfalls sowohl bei männlichen wie auch weiblichen Stieren beliebte Jagdgründe. Am bequemsten und daher von Stieren bevorzugt sind Kontaktanzeigen. Ich kenne immerhin drei Stiere, die über dieses Medium fündig geworden sind. Auch Fitnessstudios erfreuen sich (nicht nur bei Stieren) zum Anbandeln großer Beliebtheit.

Beherrschen Stiere die schöne Kunst des Flirtens? Die hohe Schule ist mit einem Stiergeborenen eher nicht zu praktizieren. Weder Herr noch Frau Stier zeigen ihr Interesse unverhohlen wie zum Beispiel ein Widder. Da muss man schon Geduld haben und auf den zweiten oder dritten Blick warten. Auffällige Anmache schätzt nämlich kein Stier. Eher unaufdringlich im Hintergrund, scheint der oder die Auserwählte kein Interesse an einem zu haben. Doch kann man seinen möglichen Partner plötzlich dabei ertappen, wie er einen von oben bis unten ganz genau betrachtet. Und der Blick hat was verdammt Sinnliches! Am geschicktesten wäre es nun wohl, wenn man sich von gemeinsamen Freunden bekannt machen ließe.

Kommt man dann endlich mit dem Stier ins Gespräch, sollte man ihm nicht vorenthalten, dass man hervorragend kochen kann. Wenn das nicht der Fall ist, erzähle man, welche Gourmetrestaurants man schon besucht und welch guten Wein man bereits gekostet hat. Auch Gespräche über Geld, die Oper, Gärten und Natur könnten sein Interesse an einem vertiefen. Gute Düfte kommen ebenfalls positiv bei ihm oder ihr an.

Hat man eine Stierdame oder einen Stierherrn ins Herz geschlossen und weiß man jetzt nicht, ob man besser wartet, bis er/sie aktiv wird, oder lieber selbst loslegen soll, gilt zuerst einmal eines: Bei diesen bedächtigen Genießern braucht es Zeit. Beim idealtypischen Stier wird die Entscheidung für einen Menschen nämlich gleich eine Festlegung fürs ganze Leben sein. Ihn zu drängen wäre also erstens unfair und brächte zweitens gar nichts; denn der Stier ist – wir sagten es bereits – stur. Versuche, ihn zu manipulieren, blockt er in aller Regel mit der geballten Kraft eines Nashorns und eines Panzers ab.

Aber nur zu warten ist natürlich auch keine Lösung des Problems. Man muss den Stier vielmehr locken, ihn verführen. Am leichtesten funktioniert das, wenn man nach besagtem Motto »Liebe geht durch den Magen« vorgeht. Denn kein waschechter Stier vermag kulinarischen Genüssen zu widerstehen. So eingestimmt, kann man nach und nach auch seine anderen Sinne erregen. Wenn man

eine Frau ist, erwähnt man also im Gespräch nebenbei, wie gut man kocht, je nach Lage der Dinge und der eigenen Einstellung später vielleicht auch, wie begeistert die früheren Männer heute noch von den gemeinsamen erotischen Exkursionen schwärmen. Als Bewunderer einer »Stierin« wiederum kann man ruhig durchblicken lassen, welche Summe man jeden Monat auf seinem Konto verbucht und wie bequem und kuschelig alles daheim ist.
Irgendwann wird die Zeit reif sein für stärkere Geschütze: die Einladung nach Hause, einen Saunabesuch, ein gemeinsames Wochenende ... Schließlich muss man den bzw. die Stiergeborene(n) bei der Hand nehmen und sagen: »Da geht's lang!«

Sind Stiere gut im Bett?
Der Stier ist ein Nimmersatt, so viel ist klar. Er ist verliebt in sämtliche Sinnesfreuden, die Welt ist ein Paradies, in der es unendlich viele Versuchungen gibt, und Liebe machen gehört sicher zu den schönsten Freuden.
Ich habe schon von dem befreundeten Stierehepaar und unserer gemeinsamen Reise berichtet. Jetzt möchte ich die Gestaltung ihres Schlafzimmers beschreiben: Das Bett ist riesig, ich glaube, drei mal drei Meter, und Resultat der handwerklichen Geschicklichkeit des Mannes. Über dem Liebeslager an der Decke hängt ein großer Spiegel. Den Boden bedecken dicke weiche Teppiche und unzählige Kissen. Im Raum schwebt ein Duft von Moschus, die Musikanlage ist vom Bett aus regulierbar, genau wie das Licht, das aus verschiedenen gedämpften Lichtquellen den Ort des Geschehens beleuchtet. Wenn man diese Bettstatt und dieses Zimmer sieht, hat man nur einen Wunsch: sich sofort auszuziehen und hineinzulegen, was meine beiden Freunde wohl auch zur Genüge zelebriert haben und bestimmt weiterhin tun werden.
Sex mit einem Stier ist also reinste Wollust, ein Flug auf weichen Wolken, ein Eintauchen in das Land von Tausendundeiner Nacht. Wie alles hat jedoch auch die sensationelle Libido des Stiers ihren Schatten. Es ist wieder seine Fixiertheit. Ein Stier will jeden Tag sein Quantum Lust. Wenn er dieses nicht erhält, befindet er, dass

sein Leben in die falsche Richtung läuft. Das ist Frust für ihn, er reagiert muffig, gekränkt und übel gelaunt. Das ist natürlich zuweilen für den Partner, der sich vielleicht gerade in einer anderen Stimmung befindet, schwierig, und es kostet viel Zeit und Überzeugungskraft, seinem Stier zu vermitteln, dass »kein Sex« noch lange nicht »keine Lebensqualität« bedeutet. Denn genau diesen Schluss zieht der Stier.

Sind Stiere gute Partner?

Hat sich ein Stier einmal für einen Menschen entschieden, dann bleibt er aus Gewohnheit (Stier ist wie gesagt ein fixes Zeichen), aber auch weil er mit der Zeit eine Bindung entwickelt. Das ist eine wirklich erstaunliche Veränderung. Aus dem Einzelgänger und Ich-Menschen wird mit der Zeit ein Du-Mensch, dem sein Partner und seine Familie über alles am Herzen liegen. Und da sein Partner ihm all die Dinge gibt, die er sich sonst bei verschiedenen Menschen besorgen müsste, achtet und schätzt er ihn entsprechend hoch.

Ein Stier wird nie den Geburtstag, den Hochzeitstag, den Tag der ersten Begegnung vergessen. Er liebt Rituale und Feste, er misst seine Liebe gern an solchen fixen Ankern und an der Zeit. Insofern ist er ein äußerst angenehmer und zweifelsohne beziehungs- und bindungsfähiger Mensch.

So hält man Stiere bei guter Laune

Beginnen wir damit, wie man einen Stier vergraulen kann: Man sei unpünktlich, ziehe sich schlampig an, gebe unnütz Geld aus, koche schlecht oder zu wenig, weigere sich, mit ihm ins Bett zu gehen und Liebe zu machen, esse bei einer Einladung das teure Essen nicht auf, handle unvernünftig, ergreife einen Beruf mit ungeregelten Arbeitszeiten, so dass er nie weiß, wann er mit einem rechnen kann, verreise viel ins Ausland.

Nun zu den Positiva: Man strahle seinen Stier schon am Morgen an. Bringe ihm eine Tasse Tee mit frischen Brötchen ans Bett, sorge dafür, dass (wenn man seine Frau ist) die Wäsche frisch duftet und (wenn man ein Mann ist) auf dem Kontoauszug nie rote Zahlen stehen.

Das klingt alles sehr simpel, und so ist – keineswegs abwertend gemeint – auch der Stier in Reinkultur ganz einfach, sehr umgänglich, leicht zu haben, solange man ihm nur nicht vorenthält, was er für sein Grundrecht hält: Ruhe, Gemütlichkeit, gleichbleibend solide Lebensqualität. Die größte Freude macht ihm, wenn alles so bleibt, wie es ist. Und den größten Schrecken jagt ihm die Vorstellung ein, dass sich morgen etwas ändern könnte.

Zum Schluss zu diesem Thema noch allerlei und bunt gemischt, was der Stier in jedem Fall mag: Grillpartys, Luxus, Behäbigkeit, Speisekarten, Currywurst, Weinkeller, *Handelsblatt*, Küchengeräte, Parmaschinken, Angusrinder, Lobster, eine Couch, die Farbe Grün, Gummibärchen, Maikäfer und den Schrebergarten.

Und er mag auf keinen Fall: Raserei, Tempo, billigen Wein, Diät, kalte Fritten, Teilen, Magenverstimmung, die Farbe Rot, Moskitos, den Schlachthof, Fakire und Hungerkünstler, Karl Marx.

Über die Treue der Stiere

Er ist der Treueste! Wenn einen ein Stier betrügt oder gar wegen eines anderen Menschen verlässt, wäre es mit jedem anderen Sternzeichen schon dreimal passiert. Denn er ist ein Gewohnheitstier, er liebt es, immer das Gleiche zu tun, es gibt ihm ein Gefühl von Sicherheit. Einem Stier wird es nicht langweilig, wenn er immer die gleiche Frau bzw. den gleichen Mann küsst. Im Gegenteil. Es muss also viel geschehen sein, dass ein Stier fremdgeht. Man muss ihm über lange Zeit sein – wie er meint – angestammtes Recht auf Lust und Befriedigung verweigert haben. Ansonsten aber ist der Stier zweifelsohne der richtige Kandidat für silberne, goldene oder gar diamantene Hochzeitsfeiern.

Es gibt allerdings Stiergeborene, die überhaupt nicht in dieses Schema passen und wie die Weltmeister fremdgehen. Mit Sicherheit befindet sich in ihrem Horoskop ein ganz anderer Aszendent oder ein anderes Mondzeichen – Schütze, Wassermann oder Zwillinge zum Beispiel. Solche Stiere naschen zwar anderswo, stellen deswegen ihre Partnerschaft aber noch lange nicht in Frage, was dann hinwiederum doch »typisch Stier« ist.

Das Eifersuchtsbarometer

Der Stier ist wie erwähnt ein langmütiger Mensch. Es dauert ewig, bis er aus der Haut fährt, denn er ruht in sich, und er geht davon aus, dass alle Menschen so gutmütig und tolerant sind wie er selbst. Warum soll er sich also über etwas aufregen, es wird sich schon wieder alles von allein regeln! Von daher ist er normalerweise auch großzügig, wenn sein Partner mal mit anderen harmlos flirtet oder mit ihnen hin und wieder zusammen ist.

Aber der typische Stier kann nicht gut teilen, und am allerwenigsten ist er dazu bereit, seinen Partner mit jemand anderem zu teilen. Wenn er nur im allermindesten das Gefühl hat, etwas von ihm – seine Zeit, seine Zärtlichkeit, seine Liebe – an jemanden abtreten zu müssen, sieht er rot.

Und ein eifersüchtiger Stier ist so ziemlich das Schlimmste, was man sich vorzustellen vermag. Er kann regelrecht außer Kontrolle geraten und beispielsweise einen Großteil des Mobiliars zerstören. Bevor man sich mit einem Stiergeborenen einlässt, sollte man also genau wissen, was einem blüht, wenn man diese Absprache nicht so genau nehmen möchte. Ein Stier ist nun mal ein treuer und stetiger Mensch, und genau das erwartet er von seinem Visavis. Schließlich hat er es sich ja auch lange genug überlegt, bevor er ja sagte.

Es gibt allerdings Stiere, die krankhaft eifersüchtig sind. Manche von ihnen haben bereits schlechte Erfahrungen gemacht, andere sind es infolge ihrer frühkindlichen Erlebnisse. Mit einem solchen Stier kann man nicht länger als fünf Minuten außer Haus sein, ohne dass er einem eine Szene macht. Ob man Menschen mit einem derart extremen Verhalten als Partner helfen kann, ist zweifelhaft. Aber wenn es eine Medizin gibt, dann die, dass man ihm immer wieder versichert, wie sehr man ihn liebt und wie gern man gerade mit ihm zusammen ist.

Wie gut Stiere allein sein können

Sowohl das astrologische Totem – der Stier auf der Weide – als auch der Mensch ist ein Einzelgänger. Das widerspricht nicht dem bereits Gesagten, nämlich dass der Stier sehr sozial sei. Er ist es auch – und bleibt trotzdem ein Einzelgänger. Ich meine damit, dass ein Stier inmitten einer sozialen Gemeinschaft, in die er bestens integriert ist, allein leben kann. Diese Gemeinschaft muss nur alles bieten, was er braucht: ein Haus, in dem er schläft, genug zu essen, einen Platz, um zu arbeiten, und natürlich Menschen, mit denen er seine Sinnlichkeit teilen kann. Ein Stier (in diesem Falle ein Stiermann) wird das Restaurant, in dem er gut speisen kann, genauso achten wie die Prostituierte, zu der er gegebenenfalls geht, und wird alle entsprechend gut entlohnen. Der Stier ist kein Du-Mensch, der unglücklich ist, wenn er niemanden an seiner Seite hat. Er ist auch keiner, der das Gefühl braucht, zu lieben und geliebt zu werden.

Trotzdem leben die meisten Stiere in einer festen Beziehung. Man darf daraus jedoch keine falschen Schlüsse ziehen: Sie tun es nicht, weil sie die Gemeinschaft von zwei Menschen mehr mögen, als allein zu sein. Der Stier tut es sogar nicht einmal deswegen, weil er im Partner sein Ideal gefunden hat. Er geht eine Beziehung vielmehr deswegen ein, weil es erstens in unserer Gesellschaft üblich und zweitens diese Form in aller Regel bequemer ist, als sich seine Bedürfnisse jeweils auf dem »freien Markt« zu befriedigen. Aber man mache sich keine Illusionen: In den Augen eines Stiers ist jeder Partner zumindest zu Beginn einer Beziehung austauschbar.

Weibliche Stiere auf dem Prüfstand

Die Stierfrau verkörpert den Inbegriff einer Frau, ist sinnlich und überaus gefühlvoll. Des Weiteren weiß sie den einmal mehr zitierten Spruch, dass Liebe durch den Magen geht, aufs schmackhafteste unter Beweis zu stellen. Überhaupt ist sie unglaublich praktisch und steckt sogar auf dem als Männerdomäne allgemein bekannten Terrain Technik das starke Geschlecht in die Tasche. Doch erweist sich die Stierfrau auch im Bett als Kennerin.

Das sind genug irdische Talente, um einen Mann schnell vom Paradies mit ihm als Herrn der Schöpfung träumen zu lassen. Aber da wird die Stierdame wild. Sie liebt das Leben einer sinnlichen Frau und verbindet sich dafür gern mit einem entsprechend begabten Mann, doch in die Tasche stecken lässt sie sich nicht. Nun ist sie sehr tolerant und tritt gegen männliche Dummheit nicht gleich mit wehenden Fahnen an. Sie wartet und hofft, dass sich die Lage entspannt. Lässt man ihr jedoch keine Ruhe, wird sie rabiat und radikal. Eine wütende »Stierin« ist immer ein Signal dafür, dass ihre Gutmütigkeit ausgenutzt worden ist. Umgekehrt muss diese Frau lernen, zuweilen deutlicher und vor allem rechtzeitig ihre Grenzen zu zeigen.

Sie ist eine Genießerin, und sie liebt das Leben. Es liegt daher nahe, dass sie – der doppelten Lust wegen – ihresgleichen sucht. Zumindest in ihren ersten Partnerwünschen ist ihr Traummann ein bacchantischer Faun oder ein magischer Prinz mit unerschöpflichen Reserven. Später ändert sich dieses Bild. Vielleicht ist sie weise geworden und ahnt, dass sie nicht ihr Spiegelbild, sondern einen Ausgleich braucht, einen Mann, der sie ein bisschen wegbringt vom reinen Genussweg.

Ihr Mann muss – wie es so schön im Bayrischen heißt – »g'standen« sein. Ein unerfahrenes Bürschchen, das womöglich noch auf ihre Kosten studiert, kommt vielleicht der Lust wegen in ihr Schlafzimmer, aber wird nie ihr Bräutigam. Sie will auch keinen Geschäftsreisenden, der sie nur am Wochenende besucht (es sei denn, er versorgt sie mit viel, viel Geld …).

Sie scheint also ziemlich nüchtern und klar bei ihrer Partnerwahl zu sein. Und trotzdem ist da auch ein Hang zum problembeladenen Mann, einem Trinker zum Beispiel. Ich kenne einige Stierfrauen, die immer wieder an Männer geraten, die es zu retten gilt, die aber ihre Wohltäterin letztlich nur in den Sumpf ziehen. Hier helfen je nach Schweregrad allein Einblicke in die Vergangenheit mit Hilfe einer professionellen psychologischen Beratung.

Männliche Stiere auf dem Prüfstand

Es gibt verschiedene Typen unter den männlichen Stieren. Erstens den »Bullen«: kantig, drahtig, untersetzt, aber mit der Vitalität eines Boxchampions oder Bodybuilders. Diesen körperbetonten Stier findet man häufig an der Spitze expandierender Unternehmen, im Rugbyteam und – getarnt – in der Unterwelt. Als Frau hat man es mit diesem Typus nicht gerade leicht, denn er verlangt alles, an erster Stelle absolute Loyalität. Wer aber Status und Macht über die Maßen liebt, kann es mit solch einem Stier recht weit bringen.

Typ Nummer zwei trifft sich in Weinkellern, um zehn verschiedene Châteaux zu verkosten, oder aber in noblen Restaurants – verzückten Auges ein frisch zubereitetes Kalbsbries goutierend. Will man als Frau in seiner Nähe überleben, muss man dem leiblichen Wohl dann und wann entsagen oder wenigstens zweimal im Jahr radikal abspecken.

Typ Nummer drei ist der unauffällige Stier: tipptopp gekleidet, etwas konservativ, mit einem Arbeitsplatz bei der Bank oder in einem seriösen Unternehmen. Dieser Mann macht alles, damit seine Frau glücklich ist, erfüllt ihr jeden Wunsch. Aber er ist etwas farblos, und es kostet viel Energie, ihn ein bisschen auf Trab zu bringen.

Gleich, um welchen Typ es sich handelt, seine Triebstärke ist sprichwörtlich, seine Potenz verschafft ihm ein Spitzenimage im weiblichen Lager. Schlechtere Karten hat er allerdings hinsichtlich der erotischen Vielfalt: Er mag das Bewährte – und Wiederholungen davon. Außerdem entwickelt er sich im häuslichen Milieu gern zum Pascha, im negativen Fall sogar zum Haustyrannen. Trotzdem zieht es die Frauen zu ihm, weil an seiner Seite etwas bestimmt nie fehlt: Geld, Sicherheit, Nestwärme. Und weil er, selbst wenn er der größte Macho ist, einer Frau stets mit Respekt begegnet.

Dass »sie« wie »er« ebenfalls arbeitet, toleriert er (schließlich ist das heute normal), aber er hat es nicht gern. Viel lieber sähe er seine Partnerin zu Hause, die Kinder versorgend und natürlich auch ihn, wenn er heimkommt. Dass sie arbeitet, betrachtet er als ein persönliches Armutsbekenntnis: Er verdient nicht genug. Dagegen hat er überhaupt keine Probleme, zu Hause die Schürze umzubinden und sich an den Herd zu stellen, um zu zeigen, was für ein toller Koch und Feinschmecker er ist. Kinder hat er gern. Sie vervollständigen sein Familienglück. Ist er schon ohne Nachwuchs ein Mann, auf den man sich, wenn er einmal ja gesagt hat, hundertprozentig verlassen kann, so bindet ihn ein Kind auf immer und ewig.

Wie klappt's mit den anderen Sternzeichen?

Sich zu kennen ist erst die eine Hälfte des Wegs zum Glück. Die andere Strecke muss auch noch zurückgelegt werden. Dabei geht es darum, seine Mitmenschen, besonders den Partner – das »Du« –, zu erforschen. Erst wenn man beides kennt, sein »Ich« und sein »Du«, verfügt man über die Voraussetzungen für eine funktionierende Beziehung und ein befriedigendes Liebesleben.

Mit jedem Vertreter des Zodiaks erwartet einen etwas anderes. Man selbst bleibt zwar immer der oder die Gleiche. Aber weil das Gegenüber wechselt, verhält man sich anders, je nachdem, um welches Tierkreiszeichen es sich handelt.

In der Astrologie sind nun bestimmte Erkenntnisse und Regeln zusammengestellt, die dabei helfen können, mit den verschiedenen potenziellen Partnern besser umzugehen, gemeinsam mehr

Spaß zu haben, Konflikte zu vermeiden, erfüllter zu lieben und zu leben und länger zusammenzubleiben.

Zuvor ist jedoch noch etwas Grundsätzliches zu sagen: Viele Menschen haben den Eindruck, der Sternenkunde zufolge gäbe es Kombinationen, die gut funktionieren, und andere, die »floppen«. Das ist so falsch. Es gibt keine Verbindung, die unmöglich ist. Mit anderen Worten, als Stiergeborener kann man mit allen, egal, ob Widder, Löwe oder Wassermann. Allerdings verlangt jede Partnerschaft einen bestimmten »Preis«. Bei manchen Kombinationen heißt der Preis Ruhe oder Entspannung, bei anderen braucht man vielleicht mehr Zeit. Auch ist es von Fall zu Fall möglich, dass man mit einem bestimmten Partner in eine Krise gerät und dann etwas unternehmen muss, um sie gemeinsam zu bewältigen. Es gibt keine Beziehung, die nur positiv ist. Es gibt allerdings solche, die bequemer sind als andere. Wer aber will entscheiden, ob Bequemlichkeit in jedem Fall ein erstrebenswertes Gut ist?

Die Astrologie kann dabei helfen, ein erfülltes Leben in der Partnerschaft zu finden. Doch der Mensch verliebt sich – dem Himmel sei Dank – mit dem Herzen. Das Herz ist allemal stärker als irgendwelche Prinzipien, die unter Umständen sogar noch dogmatisch ausgelegt werden. Deswegen sollte man im Zweifelsfall immer auf seine eigene innere Stimme hören, damit nicht aus einer guten Sache, die die Astrologie ja nun mal ist, für Einzelne ein Hindernis auf ihrem Weg zum Glück wird.

Gegensätze ziehen sich an: Stier und Skorpion

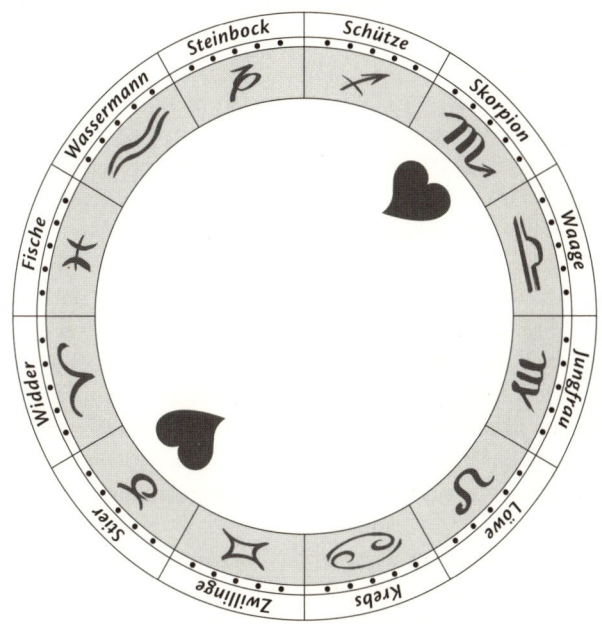

Zwischen dem Stier und dem Skorpion, seinem Gegenzeichen (man nennt es auch »Oppositionszeichen«), liegt im Tierkreis die größtmögliche Distanz. Das bedeutet symbolisch auch, dass zwischen beiden der größte Unterschied besteht. Kein Vertreter des Zodiaks unterscheidet sich stärker von einem Stier als ein Skorpion. Von daher könnte man annehmen, das Zeichen Stier hätte mit solchen Menschen wenig zu tun. Aber das ist ein Irrtum. Der Astrologie zufolge sind zwei sich gegenüberliegende Zeichen zwar so verschieden wie Plus und Minus, aber sie ziehen sich auch an wie der positive und der negative Pol eines elektromagnetischen Feldes. Es fließt also sofort »Strom«, wenn sich Stier und Skorpion begegnen.

Es ist ungefähr so, als würde man auf einer Reise in ein weit entferntes Land Menschen treffen, die zwar völlig anders sind als man selbst, die einen aber faszinieren, interessieren und anziehen – so als würde man sie aus irgendeiner fernen Zeit her genau kennen.

Der Kosmos »will« eben, dass man sich nicht in sein Ebenbild, sondern in seine Ergänzung verliebt. Letztlich sind ja auch Mann und Frau verschieden, und just aus dieser Verschiedenheit heraus erwächst die unwahrscheinliche Spannung, die Gefühle weckt, welche stärker sein können als alles andere auf der Welt.

»Du hast alles, was mir fehlt …!« Das ist die richtige Einstellung zu seinem Gegenzeichen – und: »Zusammen sind wir ganz, so wie zwei Kreishälften einen vollständigen Kreis bilden.« Stiere, die Skorpionen gegenüber eine grundsätzliche Ablehnung hegen, sollten sich dieses astrologische Gesetz der Liebe immer wieder vor Augen halten und in sich hineinspüren. Ganz sicher finden sie eine Resonanz, ein Gefühl von Neugierde und tiefem Interesse, das sie bisher vielleicht nur noch nicht wahrgenommen haben.

Was die Sterne über Stier und Skorpion sagen

Das sind vielleicht Gegensätze! Auf der einen Seite das Frühlingszeichen Stier: lebensbejahend, besitzergreifend, überwiegend auf sich selbst und das eigene Wohlergehen fixiert. Auf der anderen Seite das herbstliche Zeichen Skorpion: hinter das Leben blickend, an Ideen und am Wohlergehen eines größeren Ganzen orientiert.

Konkret kann das so aussehen, dass zum Beispiel der Stier sein Geld für gutes Essen, ein schönes Haus oder ein Auto mit allem Komfort ausgeben will, der Skorpion für Bildung, Kunst und Kultur. Oder dass der Stier am Sonntag ein Fußballspiel anschauen geht, während es den Skorpion eher in ein Meditationszentrum zieht. Mit anderen Worten: Spannungen und Dissonanzen sind bei dieser Kombination früher oder später die Regel.

Wenn die Bereitschaft da ist, im steten Wandel des Lebens auch Wachstumschancen zu sehen und im anderen das wahrzunehmen, was einem selbst fehlt, ist dies eine Beziehung mit sehr viel Tiefgang. Der bodenständige Stier vermittelt dem Skorpion das Leben im Hier und Jetzt, und der Skorpion lehrt den Stier, sich gegebenenfalls aus einem einseitigen Verhaftetsein im Materiellen zu lösen.

Das kleine Liebesgeheimnis

Gegensätze ziehen sich an. Und was am weitesten voneinander entfernt liegt, kann sich auch am nächsten liegen. Liebe ist gerade die goldene Brücke zwischen Gegensätzen. Sie macht uns ganz, weil sie das bringt, was uns selbst fehlt. In der Astrologie heißt es (und dies ist die Botschaft aller esoterischen Lehren), dass jedes Singuläre und Vereinzelte das Bestreben hat, ganz zu werden. Dieser Wunsch kann umso größer sein, je mehr sich der eine Mensch vom jeweils anderen unterscheidet. Und entsprechend stärker ist die Liebe.

Das gilt in besonderer Weise für eine Beziehung zwischen Stier und Skorpion. Aber das ist auch eine generelle Gesetzmäßigkeit. Denn jeder andere Mensch, gleich, welchen Tierkreiszeichens, wird in irgendeiner Hinsicht ganz anders sein als Sie. Wenn Ihre Herzdame oder Ihr Herzbube ein Skorpion ist, sollten Sie diese Verschiedenheit also nicht von vornherein als Störung und Hindernis betrachten, sondern als Chance, noch tiefer, noch umfassender zu lieben.

Knapp vorbei ist auch daneben:
Stier und Waage · Stier und Schütze

In diesem Abschnitt geht es um die Beziehung zu zwei Zeichen, die unmittelbar neben dem Gegenzeichen, dem Skorpion, liegen: um die Waage und den Schützen. Diese beiden befinden sich also ebenfalls sehr weit vom Zeichen Stier entfernt.

Man sollte also annehmen, auch zwischen Stier und Waage einerseits und Stier und Schütze andererseits existiere eine ähnliche »Anziehung und Abstoßung«. Aber wieder hat die Astrologie eine Überraschung parat: Diese Beziehungen sind schwierig und funktionieren nur unter Vorbehalt. Die Ursache liegt in der unterschiedlichen Grundstimmung. Stier ist, was das Element betrifft, ein Erdzeichen. Waage ist ein Luft- und Schütze ein Feuerzeichen. Zwischen Erde einerseits und Luft bzw. Feuer andererseits bestehen schwerwiegende Differenzen des Erlebens und Verhaltens.

Man kann sich das wieder ungefähr so vorstellen, als begegnete man auf einer Reise in ein fernes Land Menschen, die völlig anders sind als man selbst. Aber dieses Andere empfindet man zunächst nicht als reizvoll, anziehend und aufregend, sondern es erweckt erst einmal Vorbehalte und stößt auf Ablehnung. Mit einem Wort, man ist sich fremd und findet auf Anhieb keine Möglichkeit, dieses Befremdliche aus dem Weg zu räumen.

Sollte man dann Menschen mit diesen beiden Tierkreiszeichen meiden? Die Antwort lautet natürlich: »Nein!« Denn es gibt auch zahlreiche Gründe, die *für* eine Beziehung mit ihnen sprechen. So lernt man im Umgang mit derartig fremden Menschen in der Regel sehr viel mehr als mit solchen, die einem vertraut sind.

Es kommt auch vor – und dies passiert gar nicht so selten –, dass es das eigene Schicksal zu sein scheint, gerade Menschen zu lieben, die aus einer völlig konträren Welt kommen. Zum Beispiel kann es sein, dass es in der Familiengeschichte schon einmal oder mehrmals ein derartiges Zusammenkommen mit Fremden gegeben hat (Eltern oder Großeltern etwa können ebenfalls eine solche Beziehung gehabt haben, so dass man seine eigene Existenz diesem Wagnis verdankt).

Doch wie auch immer, man muss wissen, dass man hier keine leichte und bequeme Lösung gewählt hat und nicht erwarten kann, dass sich diese Beziehung ohne Probleme gestalten wird.

Was die Sterne über Stier und Waage sagen

Diese beiden Tierkreiszeichen werden zwar vom gleichen Planeten regiert, nämlich der göttlichen Venus, aber das ist auch schon alles an Gemeinsamkeit. Selbst die Vorstellung von der Venus ist bei beiden ganz verschieden: Für die Waage ist sie ein Symbol von Ästhetik, Schönheit und Harmonie. Für den Stier verkörpert sie ein gutes Leben, Wohlstand und materiellen Reichtum. Von daher kann es sehr schnell zu großen Meinungsverschiedenheiten kommen, nämlich wenn zum Beispiel die Waage bei der Wohnungseinrichtung die Ästhetik in den Vordergrund rückt, während der Stier das Praktische viel höher erachtet.

Auch beim Thema Sex bestehen sehr unterschiedliche Erwartungen: Erotik und Lust sind beim Stier unmittelbar an seine fünf Sinne gebunden. Die Waage hingegen versucht die Liebe aus dem rein Körperlichen zu befreien und zu vergeistigen. Viele Stiere können damit nichts anfangen, fühlen sich dann unverstanden und ungeliebt.

Aber es existieren auch Gemeinsamkeiten bzw. Entsprechungen. So ist die Waage genau das Wesen, das dem etwas behäbigen Stier auf liebevolle Weise den Impuls geben kann, mehr aus sich herauszugehen. Umgekehrt findet die luftige Waage beim Stier den soliden Grund und Boden, der ihr fehlt. Eine gemeinsame Liebe kann durchaus von Sinnlichkeit und hohem gegenseitigem Respekt geprägt sein.

Was die Sterne über Stier und Schütze sagen
Der typische Schütze ist seiner Natur nach ein Jäger, der Liebe mit Jagen und Erobern gleichsetzt – und der an keinem andersgeschlechtlichen Wesen vorbeikommt, ohne Gelüste zu entwickeln. Der Stier ist zwar genauso sinnlich, vielleicht sogar noch liebestoller, aber er braucht dafür keine ständige neue Reizung, sondern vergnügt sich gern und oft am Bewährten und Bekannten. Ihm ist sogar nichts lieber als Routine.

Hinzu kommt, dass der typische Stier in den Augen eines waschechten Schützen ein »schnöder Materialist« ist: Nur das, was jener zählen, riechen, schmecken und fühlen kann, hat vor ihm Bestand. Umgekehrt ist der Schütze aus der Perspektive des Stiers ein Phantast, ein Kind, das nie erwachsen wird, einer, der mit den Wolken tanzt.

Daher ist ein Stier meistens nur dann bereit, eine Verbindung mit einem Schützen einzugehen, wenn er sich unerfüllt fühlt, ausbrechen will. Aber in den meisten Fällen lässt sich kein Schütze von einem Stier halten, auch wenn dieser ihm das Paradies auf Erden herbeizaubern würde. Und kein Stier wartet auf einen Schützen, der ständig irgendwo ist, nur nicht bei ihm. Doch wenn sich der praktische Realitätssinn des Stiers mit den weitgespannten Zielen des Schützen verbinden lässt, findet sich bei dieser Kombination ein Paar, das sich gegenseitig auch sehr ergänzen kann.

Das kleine Liebesgeheimnis

Wenn Sie als Stier jemanden kennen oder lieben, dessen Tierkreiszeichen Waage oder Schütze ist, dann sollten Sie sich sagen, dass es bestimmt Gründe gibt, warum Sie gerade diesem Menschen begegnet sind. Lernen Sie von ihm, dass das Fremde kein Hinderungsgrund für eine tiefe Liebe sein muss. Gehen Sie davon aus, dass Sie zusammen einen zwar schwierigen, aber unglaublich interessanten Weg einschlagen können.

Versuchen Sie immer wieder, die Situation aus den Augen dieses anderen Menschen zu betrachten, sie mit seinen Ohren zu hören und mit seinen Gedanken zu erfassen. Lernen Sie dadurch eine Welt kennen und lieben, von der Sie sonst vielleicht kaum je etwas erfahren hätten.

Ein Vertrauter in der Fremde:
Stier und Jungfrau · Stier und Steinbock

Zwischen dem Tierkreiszeichen Stier und den beiden Abschnitten Jungfrau einerseits und Steinbock andererseits besteht auf dem Zodiak eine relativ große Distanz. Man könnte daher vermuten, dass auch Jungfrau- und Steinbockgeborene mit einem Stier nicht so leicht warm werden und dass eine Liebesbeziehung, wenn überhaupt, nur unter großen Schwierigkeiten und mit zahlreichen Hindernissen möglich ist. Aber nach astrologischen Erkenntnissen verhält es sich genau umgekehrt. Stier und Steinbock bzw. Jungfrau verstehen sich in der Regel auf Anhieb und können ohne weiteres eine lebenslange, erfüllte Beziehung führen.

Es ist, als würden wir auf der bereits erwähnten vorgestellten Reise weit in der Ferne plötzlich jemanden treffen, der aus dersel-

ben Stadt kommt und dieselben Menschen kennt wie wir. Man fühlt sich sofort verstanden, hat Gesprächsstoff und ist glücklich, in der Fremde jemandem zu begegnen, der die gleiche Sprache spricht. Das schafft von vornherein Vertrauen, Sicherheit und Nähe.
Der Astrologie zufolge kommen diese Tierkreiszeichen besonders gut miteinander aus und können langjährige Beziehungen eingehen. Ja, es ist eine der klassischen Beziehungen für eine Heirat und Familiengründung.

Was die Sterne über Stier und Jungfrau sagen

Die Jungfrau und der Stier sind beides Erdzeichen, und deshalb verstehen sie sich gut. Ihr Interesse dreht sich um Belange der »Erde«, das heißt um Sicherheit, materiellen Wohlstand, eine Familie, ein angenehmes Leben und beruflichen Erfolg.
In puncto Sexualität und Erotik kann es zu Differenzen kommen. Zwar sind beide gleichermaßen begierig auf sinnliche Erfahrungen, aber mit der Zeit bildet sich der Unterschied zwischen den zwei Tierkreiszeichen immer deutlicher heraus: der Stier als Sinnlichkeit in Person, der eigentlich nie genug bekommt, und die Jungfrau, die dann doch über die rein körperliche Liebe hinauswachsen will. Das kann zu Konflikten, Zerwürfnissen und sogar Trennungen führen. Allerdings nur dann, wenn beide an ihren eigenen Positionen stur festhalten (wozu zumindest der Stier auch tendiert).
Mit etwas Flexibilität jedoch ergibt sich eine wunderbare gegenseitige Bereicherung: Dem Stier öffnen sich neue Horizonte, und er blickt über das rein Körperliche hinaus. Die Jungfrau hingegen entgeht der Gefahr, sich in einer geistigen Schein- oder Pseudowelt zu verirren.

Was die Sterne über Stier und Steinbock sagen

Beide haben weitgehend ähnliche Auffassungen von lebenspraktischen Dingen – die Wahl des Kinofilms, der Wohnungseinrichtung, des Urlaubsziels und dergleichen mehr. Insbesondere fühlt sich der Stier mit einem Steinbock sehr sicher, denn dieser vertritt Ordnung, Verlässlichkeit und die Unantastbarkeit des Eigentums. Aber auch umgekehrt fühlt sich der Steinbock bei dem Stier wie zu Hause, denn jener stellt seine Grundsätze nicht in Frage.

Allerdings besteht auch diese Partnerschaft nicht nur aus eitel Sonnenschein, sondern ihr Weg ist mit Hürden und Fallen versehen, die zu Erstarrungen und auch Trennungen führen können, wenn sie nicht in Güte aus der Welt geschafft werden. An erster Stelle ist es die Sexualität. Kein anderes Zeichen legt so viel Wert auf Pflichterfüllung und Loyalität wie der Steinbock. Entsprechend schwer fällt es ihm, seine Zuneigung und seine Gefühle spontan auszuleben. Seinen Leidenschaften und der Sinnlichkeit traut er nicht so recht, und sie spielen im Vergleich zur Karriere und zum persönlichen Wachstum in seiner Welt eine nebengeordnete Rolle. Für einen Stier sind sie aber so selbstverständlich wie Essen, Trinken und Schlafen.

Ein Problem besteht auch darin, dass es mit der Zeit an Konträrem, Andersartigem fehlt: Die beiden sind sich eben doch zu ähnlich. Kommen jetzt nicht Kinder, die durch ihr eigenes Tierkreiszeichen ein ganz anderes Element in die Beziehung einbringen, kann diese Ähnlichkeit zu Gleichgültigkeit und Lieblosigkeit führen. Doch wenn sich Genuss und Arbeit in eine stimmige Balance bringen lassen, so ist dies ein Paar, das ohne weiteres seine goldene Hochzeit erleben kann.

Das kleine Liebesgeheimnis

Wenn Sie als Stier jemanden kennen oder lieben, dessen Tierkreiszeichen Jungfrau oder Steinbock ist, dann können Sie sehr glücklich sein. Sie haben einen Menschen an Ihrer Seite, der beides mitbringt: genügend Ähnlichkeit und Übereinstimmung einerseits und ausreichend Unterschiedliches und Fremdes andererseits. Ihre Beziehung wird nicht langweilig und einschläfernd.

Sollten Sie dennoch einmal über Eintönigkeit klagen, dann brauchen Sie nur gemeinsam Ihre Siebensachen zu packen und zu verreisen. Sobald Sie Ihre gewohnte Umgebung verlassen, Grenzen überschreiten, gemeinsam in einem Hotelbett liegen, kommen Liebe und Leidenschaft zurück – und es ist wie am allerersten Tag.

Das verflixte Quadrat:
Stier und Löwe · Stier und Wassermann

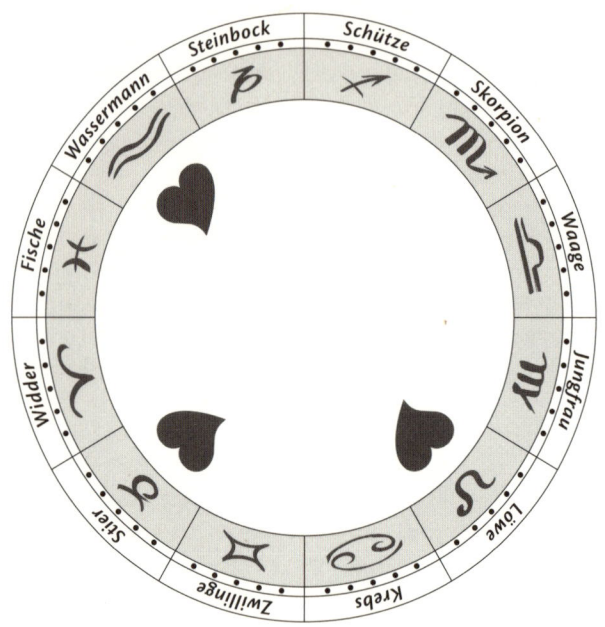

Eine Frau betritt einen Raum, ein Café zum Beispiel, in dem sie noch nie war, was schon von vornherein leicht befremdliche Gefühle und Unsicherheit bei ihr ausgelöst hat. Sie freut sich, da sie einen leeren Tisch sieht, und setzt sich dorthin. Doch dann bemerkt sie aus den Augenwinkeln heraus, dass jemand sie von der Seite anschaut. Sie blickt schnell hoch, doch der (oder die) andere sieht weg. Sobald sie sich aber wieder mit der Speisekarte oder einer Zeitschrift beschäftigt, wiederholt sich das Spiel: Die Frau fühlt sich beobachtet. Dieser Mensch beginnt ihr auf die Nerven zu gehen, aber da ist auch eine gewisse Neugierde, wer denn diese andere Person sein mag. Kennen sie sich vielleicht von irgendwoher? Ob alles auf einer Verwechslung beruht? Oder ob der andere vielleicht schräge Absichten hegt?

Ungefähr so gestaltet sich die Kontaktaufnahme zwischen dem Zeichen Stier und jenen, die im Zodiak in einer quadratischen Beziehung (einem Winkel von 90 Grad) zu ihrem Zeichen stehen, also Löwe und Wassermann. Es besteht Interesse und Ablehnung zugleich. Man kennt sich, ohne zu wissen, woher. Man ist interessiert und irritiert. Man weiß nicht, ob man bleiben oder gehen soll.

Der Astrologie zufolge sind Beziehungen auf der Basis eines Quadrats sehr schwierig, stehen unter Spannung, erzeugen Konflikte, schaden der Liebe, stören sie, führen zu einer Trennung oder lassen überhaupt keine Bindung zu. Sollte man dann nicht um solche Tierkreiszeichen besser einen weiten Bogen machen?

Das kann man so nicht sagen. Das Herz entscheidet sich, wie wir wissen, manchmal gerade für einen derartigen Partner. Es existieren auch zahlreiche solcher Liebesbeziehungen. Manche halten sogar ein ganzes Leben lang. Aber sie sind nicht einfach. Mit einem Löwe- oder Wassermannpartner werden Stiere das Gefühl nie ganz los, dass sie sich nicht entspannen, sich nicht völlig gehen lassen können. Ein bisschen sieht immer alles nach Arbeit und nach Problembewältigung aus. Hier soll eine schicksalhafte Aufgabe gelöst werden.

Das ist meist auch der tieferliegende Sinn einer derartigen Beziehung. Man muss etwas lernen, bewältigen, in Ordnung bringen. Es gibt Astrologen, die behaupten, solche Bindungen hätten bereits in einem früheren Leben existiert. Damals aber habe man Fehler gemacht, sich nicht respektiert oder was auch immer. Daher müsse man in diesem Leben wieder zusammenkommen, um etwas gutzumachen. Wer weiß …?

Sicher ist, dass Stiere mit einem Löwe- oder Wassermanngeborenen etwas lernen. Sie können auch gar nicht anders, wenn ihre Beziehung Bestand haben soll. Eine derartige Partnerschaft ist sogar vorzüglich dafür geeignet, sich persönlich zu entwickeln, aber auch Karriere zu machen. Unbewusst »schiebt« einen der

Löwe- oder Wassermanngeborene sozusagen regelrecht auf der Karriereleiter aufwärts. Es kann genauso gut umgekehrt sein, dass Stiere ihren Partner nach oben puschen. Die Karriere bzw. der Beruf ist dann etwas, woran sich die Spannung innerhalb einer »Quadratbeziehung« entladen kann.

Eine andere Möglichkeit ist die, dass Paare mit einer derartigen Tierkreiszeichen-Konstellation Kinder bekommen, die dann (auf positive Weise) ebenfalls als »Spannungslöser« wirken. Auch ein guter Freund oder enger Bekannter, sogar ein Haustier wie ein Hund oder eine Katze können diese Rolle übernehmen.

Was die Sterne über Stier und Löwe sagen
Die erotische Anziehung zwischen den beiden ist kolossal. Mit ihrer Sinneslust können sie Tage und Nächte miteinander verbringen, ohne zu ermüden. Bestünde das Leben nur aus Eros, es gäbe kein besseres Paar.

Aber sobald es um Absprachen und lebenspraktische Gemeinsamkeiten geht, prallen die Unterschiede aufeinander – und können, wenn man nicht darauf achtet, mit der Zeit die Liebe zerstören: Der Stier findet seinen höchsten Genuss im Erwerben, Behalten und Vermehren. Dem Löwen hingegen macht nichts mehr Freude, als wenn er seinen Reichtum ausgeben und auf großem Fuß leben kann. Auch beim Thema Sicherheit ist man ganz unterschiedlicher Auffassung. Der Löwe ist ein Rudeltier und fühlt sich sicher, wenn das Leben auf verschiedene Schultern verteilt ist. Seine Lebensphilosophie lautet: Wenn man hat, gibt man; dafür bekommt man, wenn man darbt. Ganz anders der Stier, der – obwohl auch ein »Herdentier« – sich die Sicherheit immer selbst schaffen will und daher sagt: Sammle, wenn du kannst, dann ist auch in kargen Zeiten genug vorhanden.

Ähnlicher und zugleich verschiedener als typische Vertreter dieser beiden Tierkreiszeichen können zwei Menschen also nicht sein. Zwar wollen beide das Leben genießen, mit jeder Faser ihres Seins, mit sämtlichen Sinnen, mit allem, was es bietet. Aber der Stier findet seinen höchsten Lebenszweck im Erwerben, Behalten,

Vermehren, wohingegen der Löwe davon ausgeht, dass der Energie- und damit auch der Geldstrom umso reichhaltiger in die eigene Richtung fließt, je mehr man von sich gibt.

Was die Sterne über Stier und Wassermann sagen

In der Verbindung zwischen einem Wassermann und einem Stier trifft sich die Welt der geistigen Visionen mit dem bodenständigen Realismus. Und wenn Tradition und Fortschritt in Einklang gebracht werden können, so finden wir hier ein Paar, das sich gerade durch seine spannungsvolle Gegensätzlichkeit sehr viel geben kann.

Aber der Alltag ist schwer! Der Stier ist die Personifizierung des Erdelements: solide, klar, konservativ. Der Wassermann ist die luftigste Ausgeburt des Luftelements: unbestimmt, modern, rege. Man kann sich also vorstellen, wie eine derartige Beziehung im ungünstigsten Fall abläuft: Der Wassermann wirft dem Stier vor, nicht über seinen Tellerrand zu schauen; der Stier wiederum hält den anderen für einen Hans Guckindieluft.

Natürlich ist da auch noch diese enorme Sinnlichkeit, die der Stier aus jeder seiner Poren verströmt und die in einem Wassermann Gefühle weckt, die er sonst so selten erlebt. Und ein Wassermann bräuchte auch nichts dringender als die erdige Verbundenheit des Stiers, damit er seine Ideen auch verwirklichen kann. Umgekehrt täte dem Stier etwas Nachhilfeunterricht in flexibler Geisteshaltung wirklich gut.

Das kleine Liebesgeheimnis

Wenn Sie als Stier einen Menschen kennen oder lieben, dessen Tierkreiszeichen Löwe oder Wassermann ist, haben Sie einen eher schwierigen Partner gewählt. Aber das muss in gar keiner Weise etwas Negatives sein. Wer will beurteilen, ob Beziehungen immer locker und leicht sein sollen? Lernen wir nicht alle aus dem, was schwierig, problematisch, unangenehm ist? Und das bedeutet ja auch keineswegs, dass Sie mit einem derartigen Partner nicht auch Ihr Glück finden.

Nur Folgendes sollten Sie wissen: Diese Beziehung braucht Kraft und Mut. Sie ist keine Angelegenheit, die so nebenbei läuft. Sie müssen sich immer wieder auseinandersetzen, zueinanderfinden, Ihre Unterschiede betonen und dennoch kompromissbereit sein.

Und Sie dürfen eins niemals vergessen: Sie sind diese Beziehung freiwillig eingegangen, Sie können sie notfalls auch wieder beenden. Es ist Ihre immer wieder neue Entscheidung (und natürlich auch die Ihres Partners), ob Sie zusammenbleiben wollen. Sie müssen sich nicht bis zur Selbsterschöpfung aufreiben.

Gute Freunde und mehr:
Stier und Krebs · Stier und Fische

Die beiden Tierkreiszeichen Fische und Krebs sind dem Abschnitt Stier sehr nah, lediglich ein einziger Abschnitt des Zodiaks liegt jeweils dazwischen. Von daher darf man erwarten, dass es sich bei einem Fische- oder Krebspartner um jemanden handelt, der ähnlich ist, die gleichen Anschauungen hat und so denkt und fühlt wie man selbst. Es ist ungefähr so, als würde man jemanden kennenlernen, der in unmittelbarer Nachbarschaft wohnt, in dieselbe Schule geht oder im selben Betrieb arbeitet. Trotzdem unterscheidet sich dieser Mensch von Stiergeborenen in einem wesentlichen Punkt: Der Stier ist vom Element her Erde; Krebse bzw. Fische jedoch sind Wasserzeichen. Die Elemente Erde und Wasser ergänzen sich. Insofern teilen Stiere mit solchen Menschen viel Ähnliches und Verwandtes, aber es gibt auch mehr als genügend Unterschiedliches, so dass es sehr reizvoll ist, einander näher kennenzulernen. Und der Astrologie zufolge gehören diese Beziehungen zu den bestmöglichen!

Was die Sterne über Stier und Krebs sagen
Stier und Krebs wollen die notwendigen Angelegenheiten wie auch die schönen Seiten des Lebens hegen und pflegen; und Liebe hat für beide immer auch mit gefühlsmäßiger Sicherheit zu tun. Sie sind darüber hinaus geradezu berühmt dafür, dass sie ihre sinnlichen Abenteuer stets zu Hause finden. Sensibilität, Häuslichkeit, Fürsorge und Gastfreundschaft sind beider prägnanteste Eigenschaften.
Dem Stier ist das Element Erde zugeordnet, und der Krebs zählt zu den Wasserzeichen. Wie Wasser die Erde befruchtet und umgekehrt die Erde (etwa das Flussbett) dem Wasser »Halt« bietet, ergänzen sich die Partner in dieser Kombination. Über der Gemeinschaft steht also das Motto »Wachstum und Fruchtbarkeit«, was sich auf Kinder, den Hausstand, aber auch auf berufliche Projekte beziehen kann. Die nahezu gleiche Lebensanschauung führt zu großem gegenseitigem Verständnis und intimer Nähe, und das Bedürfnis nach Sinnlichkeit und Erotik ist ähnlich stark ausgeprägt.
Summa summarum geben Stier und Krebs eine (fast) perfekte Mischung ab, ein Paar, das ohne weiteres die goldene Hochzeit erleben kann. Der einzige mögliche Wermutstropfen heißt jedoch Langeweile: So viel Gemütlichkeit und Einmütigkeit kann nämlich im negativen Fall dazu führen, dass es in dieser Partnerschaft auf Dauer an Dynamik fehlt.

Was die Sterne über Stier und Fische sagen
Typische Stiere und waschechte Fische verstehen sich in der Regel gut, denn beide schätzen eine friedvolle Atmosphäre und fördern sich gegenseitig.
Fische sind ein Wasserzeichen, und dem Stier ist das Erdelement zugeordnet. In dieser Kombination bringt der Fischegeborene dem Stier das Wasser – das Seelentiefe symbolisiert. Umgekehrt

gibt der erdhafte Stier seinem Fischepartner »Land«, einen Halt, eine Orientierung, Boden unter den Füßen. Hinzu kommt, dass Fische als letztes Zeichen im Zodiak so etwas wie ein liebevolles Wohlwollen gegenüber dem Stier hegen, der – nach der Symbolik des Tierkreises – noch so viele Stationen der »kosmischen Reise« vor sich hat, was keineswegs abwertend gemeint ist. Der Stier verkörpert eine Erinnerung aus der Vergangenheit des Fischegeborenen, die sein Herz erfreut, ihm aber auch eine gewisse Bodenständigkeit vermittelt, so dass er sich nicht im Ungewissen zu verlieren droht. Der Stier wiederum erkennt – zumindest in einer positiven Beziehung – in gewissen Geisteshaltungen des Fischepartners ein fernes Ziel, das er einmal erreichen wird, was allerdings nicht bedeuten soll, dass er den Fischen unterlegen sei.

Zum Problem kann die geringe Spannung werden, die in dieser Partnerschaft herrscht. Daher muss man immer wieder dafür sorgen – mit einer Reise, dem Kontakt mit anderen Menschen –, dass diese wunderschöne Beziehung nicht einschläft.

Das kleine Liebesgeheimnis

Wenn Sie als Stier einen Krebs- oder Fischegeborenen kennen, haben Sie einen für Sie idealen Partner gefunden. Sie werden sich prima verstehen, und Sie haben einen Menschen an Ihrer Seite, auf den Sie sich verlassen können. Ihr Partner ist vom Element her Wasser, während Sie selbst ein Erdzeichen sind. Wasser und Erde, so heißt es in der Astrologie, ergänzen sich bestens. Im Alltag werden Sie dies als Fröhlichkeit und Glück erleben.

Gelegentlich aufkommende Langeweile oder Disharmonien können Sie immer aus der Welt schaffen, indem Sie gemeinsam etwas unternehmen. Aber Sie sind »Freunde«, vergessen Sie das nie! Freunde versuchen sich nicht zu gängeln und auch nicht zu betrügen. Solange Sie diese »Spielregel« beachten, leben Sie in einer glücklichen Partnerschaft, die durch Kinder noch stabiler und erfüllter werden wird.

(Nicht immer) gute Nachbarn:
Stier und Widder · Stier und Zwillinge

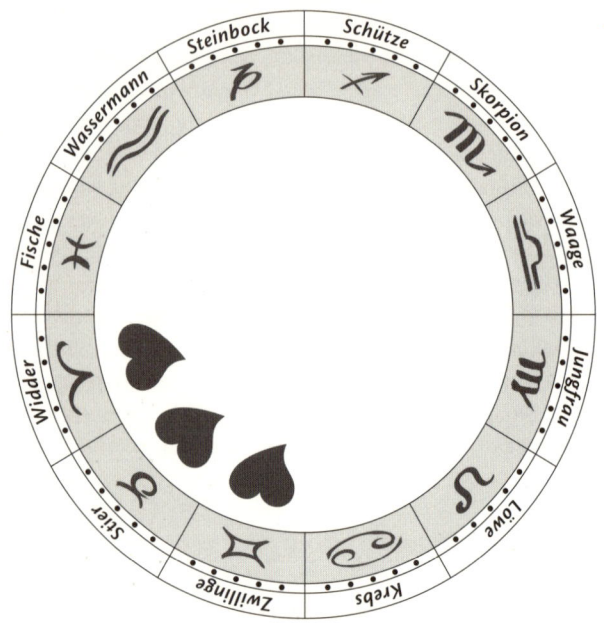

Die beiden Tierkreiszeichen Widder und Zwillinge liegen auf dem Zodiak unmittelbar neben dem Stierabschnitt. Von daher erwartet man vielleicht, dass man sich – wie es bei »richtigen« Nachbarn auch sein sollte – wunderbar versteht.

Einerseits trifft das sicher zu: Die Kombination von nebeneinanderliegenden Tierkreiszeichen ist tatsächlich häufig, und diese Beziehungen sind oft sehr befriedigend. Beide Partner haben das Gefühl, dass sie zueinander gehören, und fühlen sich, wenn sie sich kennenlernen, sehr schnell vertraut – so als wären sie uralte Bekannte, vielleicht sogar noch mehr, Geschwister zum Beispiel.

Aber das ist nur die eine Seite der Medaille. Wie es bei besagten »richtigen« Nachbarn oder Geschwistern bekanntermaßen auch vorkommt, entsteht schnell das Gefühl von Konkurrenz, Neid und Eifersucht. Es ist, als müsste sich jeder dem anderen gegenüber behaupten und besser, unabhängiger, liebevoller oder was auch immer sein. Insbesondere die Unterschiede werden dabei zu stark hervorgehoben. Solche Unterschiede bestehen ja in der Tat, aber sie sind etwas ganz Normales. Denn bei einem Stier handelt es sich um ein Erdzeichen, während die Nachbarn den Elementen Feuer (Widder) bzw. Luft (Zwillinge) zugeordnet sind. Man ringt also um Abgrenzung und Individualität: Bei Geschwistern entwickelt man sich ab einem bestimmten Alter auseinander, aber keineswegs, weil man sich nicht mehr liebt, sondern weil man eigene Wege gehen muss und zu viel Nähe und Vertrautheit einen daran hindern würden. Ähnliches kann in einer Partnerschaft geschehen. Zwei Vertreter von Tierkreiszeichen, die nebeneinanderliegen, können zuweilen sogar recht niederträchtig miteinander umspringen. Hier gilt es, beizeiten zu lernen, sein Bedürfnis nach Abgrenzung auf positive Weise auszuleben. Denn nur dann, wenn man seine Individualität pflegt, ohne den anderen zu diskriminieren, gibt es eine glückliche Zweisamkeit, die Bestand hat.

Was die Sterne über Stier und Widder sagen

Der Stier hat die Tendenz, die Menschen, die er liebt, gleich besitzen zu wollen. Und wenn er sich einmal entschließt, treu zu sein, so ist er denn auch *sehr* treu. Der Widder hingegen wird von einem steten Drängen nach Aufbruch und Abwechslung geleitet. Der Stiergeborene will darüber hinaus in Ruhe genießen können; für den Widder hingegen sind Genuss und Ruhe quasi unvereinbar. Nun haben beide Hörner und damit einen furchtbar sturen Schädel. Wenn es also zu Konflikten kommt, fliegen die Fetzen. Keiner weicht auch nur einen Deut von seiner Meinung ab. In positiven Zeiten allerdings ist diese Beziehung wundervoll. Der leidenschaftliche Widder findet beim Stier all das, wonach es ihn gelüstet: Erotik, Sinnlichkeit und schier unerschöpfliche Lust am Liebesspiel. Und der Widder verpasst dem Stier die notwendigen

Impulse, damit dieser nicht einschläft und besser in die Gänge kommt.

Der Stier sollte sich allerdings davor hüten, seinem geliebten Widder sämtliche Wünsche von den Augen abzulesen und ihm ein bequemes Leben zu bieten. Das genau ist, was der Widder *nicht* braucht. Er will Herausforderungen begegnen. Umgekehrt muss der Widdergeborene irgendwann auch das Ruhebedürfnis des Stiers respektieren und kann nicht ununterbrochen auf ihn »einpowern«.

Was die Sterne über Stier und Zwillinge sagen

Ein bisschen gleicht ein Zwillingegeborener einem bunten, leichten, schillernden Schmetterling, der gern bei seiner »Stierblume« rastet und nascht, um dann wieder von dannen zu ziehen. Der Stier wiederum ist glücklich, weil er über seinen luftigen Partner Anschluss an die Welt außerhalb der eigenen vier Wände bekommt, viele neue Menschen kennenlernt, nicht allein ist und damit weiß, was »draußen« geschieht: So könnte eine Traumbeziehung zwischen den beiden aussehen.

Oder sagen wir besser: So sieht es vielleicht am Anfang einer Beziehung aus. Ist nämlich die Phase gegenseitiger Bewunderung erst einmal abgekühlt, treten die Unterschiede immer stärker zutage. In vielen solcher Kombinationen ist es nämlich so, dass – in der Sicht des Stiers – aus dem leichten, unbeschwerten Schmetterling eine lästige Hummel wird, die den Stier immer wieder stört und um seine heilige Ruhe bringt. Und die Partnerschaft mit der herrlichen »Stierblume« entwickelt sich nach Meinung des Zwillingegeborenen zum Gefängnis, welches ihm das Gefühl gibt, er sei unfrei und könne sein Leben nicht mehr leben.

Dann hilft nur noch ein klärendes, aufdeckendes Gespräch, in dem beide Mittel und Wege finden, sich ihrer gegenseitigen Liebe zu versichern – auch wenn ihr jeweiliger Partner anders ist, als beide erwartet haben.

Das kleine Liebesgeheimnis

Mit einem Widder- oder Zwillingepartner haben Sie als Stier einen wunderbaren Menschen an Ihrer Seite: Seine Welt ist Ihnen vertraut, er ist wie ein guter Bruder oder eine liebevolle Schwester zu Ihnen, er wird auf Sie aufpassen und Ihnen das Gefühl von Geborgenheit schenken – und genauso verhalten Sie sich umgekehrt ihm gegenüber.

Sie müssen aber wissen, dass Sie sich unter Umständen zu nahe sind, weswegen sich Ihre Unterschiede nicht richtig entfalten können. Eine derartige Beziehung geht nur dann gut, wenn Sie sich Ihre natürliche Verschiedenheit zugestehen und trotz Ihrer großen Nähe immer wieder ganz andere Wege gehen. Kultivieren Sie Ihren Unterschied! Lassen Sie nicht zu, dass Sie sich noch ähnlicher werden! Unternehmen Sie immer wieder einmal etwas allein – das hilft Ihrer Liebe.

Wenn es zu Konflikten kommt, ist es wichtig, dass Sie Differenzen herausarbeiten und sie sich auch gegenseitig zugestehen.

Ich liebe ... »mich«: Stier und Stier

Eine Beziehung zwischen Menschen mit dem gleichen Tierkreiszeichen ist so eine Geschichte für sich. Zum einen hat man seinen »Zwillingsbruder« bzw. seine »Zwillingsschwester« gefunden, und man kennt den anderen wie sich selbst. Man ist sich vertraut, denkt, fühlt, handelt genauso, und das kann wunderschön sein. Manchmal versteht man sich sogar ganz ohne Worte. Beim Thema Sex zum Beispiel scheint der andere genau die Wünsche zu erraten, die man selbst immer träumt.

Auf der anderen Seite kann man sich auch *zu* ähnlich sein. Menschen haben nicht nur ein Bedürfnis nach Nähe, Ähnlichkeit und Verständnis, sondern auch nach Individualisierung, nach Abgrenzung, nach dem Anderssein. Und genau dieses Bedürfnis »stört« in Beziehungen mit dem gleichen Tierkreiszeichen normalerweise

früher oder später die Liebe. Es kommt dann zu der paradoxen und absurden Situation, dass zwei Menschen, die sich im Grunde eigentlich so gleichen wie ein Ei dem anderen, plötzlich ihre Unterschiede betonen, als kämen sie von zwei verschiedenen Planeten, und sich am Ende überhaupt nicht mehr verstehen.
Wozu sollte man dann eine derartige Beziehung überhaupt eingehen? Nun, wie gesagt hat man ja erstens oft gar keine andere Wahl, weil das Herz (Gott sei Dank!) allemal stärker ist als irgendwelche Theorien. Und zweitens ist eine Beziehung mit einem Menschen desselben Tierkreiszeichens sehr wohl ein Gewinn. Infolge der ständigen Auseinandersetzung mit dem »Doppelgänger« kann man nämlich damit beginnen, seine eigenen Qualitäten stärker zu erleben. Das ist insbesondere für diejenigen wichtig, die ihre Stärken und Schwächen nicht richtig kennen. Genauso bedeutsam ist ein anderer Aspekt: Wer einen Partner mit demselben Tierkreiszeichen liebt, kommt vielleicht auf diesem Weg auch zu der Liebe zu sich selbst.

Was die Sterne über Stier und Stier sagen

Einerseits, und das ist ja auch zu erwarten, verdoppeln sich in einer solchen Zeichenkombination Lust, Sinnlichkeit und das Besitzstreben. Auch die Sturheit ist teilweise so stark ausgeprägt, dass beide mehrere Tage nebeneinanderher leben können, ohne ein Wort miteinander zu sprechen. Und da sich die zwei nach Genuss in Hülle und Fülle sehnen, tritt wohl früher oder später die leidige Frage auf, wie man die überflüssigen Pfunde wieder losbekommt.
Es existiert allerdings noch eine andere erstaunliche Variation bei solchen Paaren: Nicht selten kommt es bei ihnen zu einer Polarisierung. Das heißt, einer der beiden Partner wird immer »stierischer«, und der andere entwickelt sich in eine genau entgegengesetzte Richtung. So kann es passieren, dass zum Beispiel der Stiermann äußerlich wie innerlich auf idealtypische Weise sein Tierkreiszeichen repräsentiert, wohlbeleibt ist und sich in seinem Handeln ausschließlich am gesunden Menschenverstand orien-

tiert. Seine Stierpartnerin hingegen entwickelt sich immer mehr in die Richtung einer asketischen, vergeistigten Frau. Mit anderen Worten, beide zusammen ergäben einen »normalen« Stier, sie ergänzen sich sozusagen. Auf diese Weise wird »künstlich« eine Spannung erzeugt, die eine unerlässliche Voraussetzung für jede Partnerschaft ist.

Das kleine Liebesgeheimnis

Eine Beziehung zweier Menschen mit dem gleichen Tierkreiszeichen wird in aller Regel nach einer anfänglichen Phase kolossaler Euphorie mit Schwierigkeiten konfrontiert. Es geht dann darum, das Gemeinsame und das Unterschiedliche auseinanderzuhalten und sich nicht in extremen Positionen zu verlieren. Für eine derartige Beziehung ist es besonders wichtig, Unterschiede wohlwollend zu akzeptieren und sich gegenseitig möglichst viele Freiräume zuzugestehen.

Ganz falsch wäre es allerdings, wenn die Partner versuchten, noch mehr Ähnlichkeiten herzustellen, zum Beispiel indem sie miteinander arbeiten oder jede freie Stunde gemeinsam verbringen.

Der Stier und seine Gesundheit

Seit über zweitausend Jahren existiert eine systematische astrologische Gesundheitslehre, und bis weit über das Mittelalter hinaus bedienten sich die meisten Ärzte dieser Systematik, um Krankheiten zu diagnostizieren und zu heilen. Ein guter Arzt war früher immer auch ein Astrologe. Seine Diagnose und Behandlung richtete sich nach den Sternen. Nie wäre einem damaligen Medicus eingefallen, einen Eingriff am Körper vorzunehmen, ohne die Konstellation der Sterne zu konsultieren. Erst im Zusammenhang mit dem in der Einleitung erwähnten Niedergang der Astrologie ab dem 16. bzw. 17. Jahrhundert trennte sich die Medizin von der Astrologie. In jüngster Zeit allerdings beginnen immer mehr ganzheitlich denkende Ärzte, sie wieder mit einzubeziehen, wenn es um Vorbeugung, Diagnose und Behandlung geht – und die Erfolge geben ihnen recht. Dass man zum Beispiel Operationen oder Zahnextraktionen besser bei abnehmendem Mond vornimmt, ist heute eine weitverbreitete Erkenntnis, was nicht nur viele Patienten wissen, sondern auch immer mehr Ärzte berücksichtigen. Ebenso findet die allgemeine astrologische Gesundheitslehre, wonach jedem Sternzeichen bestimmte Krankheitsdispositionen zugeordnet werden, bei immer mehr Menschen Beachtung. Ich bin überzeugt von ihr. Wer sich nach ihr richtet, bleibt länger gesund, jung, dynamisch und unterstützt bei einer Krankheit ohne Zweifel den Genesungsprozess.

Die Schwachstellen von Stiergeborenen

Die Astrologie behauptet, Menschen mit dem Sternzeichen Stier bekämen schnell Beschwerden an Hals und Nacken. Das stimmt. Alle Erfahrungen sprechen dafür. Hals und Nacken sind also ihre Schwachstelle, im medizinischen Jargon ihr »Locus minoris Resistentiae«. Aber das trifft eigentlich so nicht zu. In Wirklichkeit handelt es sich dabei nicht um eine schwache, sondern sogar um die stärksten Stellen ihres Seins. Da Hals und Nacken die bevorzugten Medien der Lebensbewältigung von Stieren sind, werden sie entsprechend strapaziert. Deshalb muss man sich ihrer besonders annehmen, sie hegen und pflegen.

Stiere sind natürlich nicht grundsätzlich gegen alle übrigen Krankheiten gefeit. Aber der Ursprung bzw. die Ursache einer jeden Erkrankung – und das ist der springende Punkt – wird sich immer auf eine Störung im Zusammenhang mit ihren astrologischen Problembereichen zurückführen lassen. Hier nimmt jedes ihrer Leiden seinen Anfang. Dazu bedarf es einer Erklärung, die tiefer in die Materie eintaucht.

Stiergeborene haben zwei problematische Grundtendenzen: Erstens schlucken, zweitens schleppen sie zu viel. In dieser einfachen Feststellung liegt der Schlüssel sowohl für ihre Erkrankungen als auch für deren Heilung.

Wenn der Hals voll ist

Das ist zunächst ganz wörtlich gemeint. Stiere haben einen unbändigen Appetit. Mindestens die Hälfte aller Stiergeborenen ist leicht bis schwer übergewichtig.

Aber »schlucken« bezieht sich nicht nur auf physische Stoffe. Auch Seelisches ist damit gemeint: Stiere sind hungrig auf Erlebnisse – um nicht zu sagen, sie sind gierig danach. Der Partner hat Ärger, das Kind macht Probleme, der Nachbar ist krank, der Kollege schlecht aufgelegt: Der Stier schluckt alles. Und wie bei Materiellem – also zum Beispiel Brot und Butter – mag man sich auch am Seelischen »überfressen«. Dann kann man irgendwann nicht mehr und wird krank, wobei es eigentlich sekundär ist, wo die Symptome auftreten. Der eine wird unendlich müde und gehört ins Bett, der andere bekommt Halsschmerzen und muss sich zurückziehen, der dritte holt sich vielleicht noch was Schlimmeres, um endlich Ruhe zu haben. Hinzu kommt, dass »seelisches Futter« nicht so leicht in »gut und nahrhaft« auf der einen und »schlecht und ungesund« auf der anderen Seite einzuteilen ist und man wählen könnte. Man »überfrisst« sich also nicht nur, sondern »vergiftet« sich eventuell noch obendrein.

Wie Atlas die Welt auf den Schultern tragen

Der erste Halswirbel heißt »Atlaswirbel« und das anliegende Knochenstück »Atlasbogen«. Damit wird auf den sagenhaften Titanensohn der griechischen Sage, Atlas, hingewiesen, der die Weltkugel auf seinen Schultern trug. Genau hier befindet sich wie gesagt die Hauptschwachstelle von Stiergeborenen. Sie neigen zu verspannten Hals- und Nackenmuskeln und können im Extremfall ein Halswirbelsyndrom bekommen, also einen steifen oder verdrehten Hals – ein unangenehmes und extrem schmerzhaftes Leiden.

Ein Stier, der dann nicht nur zum Arzt läuft, um sich Tabletten, eine Spritze oder eine Massage verschreiben zu lassen, sondern auch wissen möchte, was hinter dieser Symptomatik stecken könnte, entdeckt vielleicht, dass er unter einer Art Atlassymptomatik leidet, das heißt, zu viel – symbolisch die ganze Erde – auf seinen Schultern trägt. Körpertherapeuten wissen es: Bei jeder Hals-Nacken-Verspannung liegt eigentlich immer der gleiche psychologische Sachverhalt zugrunde. Der Patient ist überlastet, er kann sich nicht vorstellen, Hilfe zu bekommen, er fühlt sich auf sich allein gestellt.

Natürlich steckt hinter alldem eine unendlich gute Seele, ein riesengroßes Mitgefühl. Stiere tun dies alles aus Liebe zu ihren Mitmenschen. Aber sie müssen lernen, einen Weg zu finden, der sie nicht krank macht, ihnen keine Schmerzen zufügt. Und das Wichtigste: Sie müssen es tun, bevor die ersten Folgeerscheinungen auftreten. Ich möchte den Stieren zeigen, dass und wie sie sich schützen können – und trotzdem ihre große Liebe zum Leben behalten.

Vorbeugung und Heilen

Am Anfang jeder vorbeugenden Maßnahme und Heilung steht bewusstes Erkennen. Einsicht veranlasst uns mit der Zeit dazu, eine bestimmte (falsche, ungesunde) Art zu leben in eine bessere, gesündere zu ändern. Einsicht bedeutet aber auch noch mehr. Zwischen Erkenntnis und dem Körper besteht eine Verständigung. Wissen und Einsicht erhalten bzw. bewirken Gesundheit. Allein daran zu denken, dass eine besondere Veranlagung zu bestimmten Erkrankungen besteht, verändert nicht nur das Verhalten, sondern auch die entsprechenden Körperfunktionen.

Einsicht schließt auch ein Verstehen körperlicher und psychosomatischer Zusammenhänge mit ein. Wenn man verstanden hat, wie der Organismus funktioniert, und nachvollziehen kann, wie es zu körperlichen und seelischen Krankheiten kommt, wird jeder verantwortungsbewusste Mensch wacher und gesünder leben.

Mund-, Rachen- und Nackenmenschen

Vom Sternzeichen ausgehend, ist ein Stier »Mund-, Rachen- und Nackenmensch« und versucht, das Leben tatsächlich auf symbolische Weise zu bewältigen, indem er es sich einverleibt bzw. auf seinen Schultern trägt. Krankheiten und Störungen nehmen daher dort ihren Anfang, weil diese Stellen am meisten beansprucht werden, sie sozusagen immer an vorderster Front stehen im täglichen Lebenskampf. Diese Selbsterkenntnis ist auf dem Weg zu mehr Gesundheit und Vitalität der erste und wichtigste Schritt, den ein Stier vollziehen muss.

Ein neugeborenes Kind erlebt die Welt mit dem Mund. Was es mag, berührt es mit den Lippen, was es nicht mag, spuckt es augenblicklich wieder aus und trifft so die ersten Unterscheidungen zwischen »Gutem« und »Schlechtem«. Stiermenschen bleiben, sinnbildlich gesprochen, ihr ganzes Leben lang dieser Phase der Kindheit verhaftet. Ihr Verhältnis zur Umgebung ist »oral«.

Das heißt, sie beurteilen die Welt danach, ob sie »gut riecht und schmeckt«, ob sie »satt macht« und genügend Sicherheit vermittelt.

Sich zu seiner Eigenart bekennen

Am wichtigsten ist es, dass sich der Stier zu seiner Natur bekennt, ohne von seinen Vorlieben abhängig zu werden. Um sein leibliches Wohlergehen wird er immer stärker als alle anderen Menschen besorgt sein, und er wird besonders danach trachten, sein Leben so angenehm wie möglich zu gestalten. Für ihn ist die Erde nun einmal ein Paradies, und er möchte so viel wie möglich davon kosten.

Aber bei aller Liebe zu seinem Körper und den tausend Genüssen, die dieser ermöglicht, darf er nicht vergessen, dass alles zwei Seiten hat. Genau genommen wird die Lust erst in Abgrenzung zur Unlust erfahrbar. Und Besitz ist völlig relativ: Für den einen sind tausend Euro ein unvorstellbarer Reichtum, für den anderen nur ein Klacks. Und die gleiche Summe, die einen früher reich erscheinen ließ, lässt einen heute völlig kalt. Der Stier darf sich also nicht an seine Natur gewöhnen, weil er sonst Gefahr läuft, immer höhere Dosen an Genuss und Reichtum haben zu müssen.

Um die heilende Funktion einer Grippe zu vertiefen, sollte sich ein Stier mit folgenden Fragen auseinandersetzen: »Wovon habe ich die Nase voll? Was stinkt mir? Was schwitze ich aus? Wem möchte ich eins husten? Kann ich mich auch mit anderen Mitteln gegen Überforderungen schützen?«

Bei sämtlichen Verspannungen, Verkrampfungen und Verhärtungen im Hals- und Nackenbereich ist der Gang zum Körpertherapeuten obligatorisch. Überhaupt sollten sich Stiere regelmäßig ihren Rücken massieren lassen. So bleiben sie elastisch und geschmeidig. Als mögliche Körperbehandlung bieten sich Feldenkrais, Rolfing, posturale Integration oder eine klassische Massagebehandlung an.

Die Apotheke der Natur
Zuallererst ist die Natur selbst ein Allheilmittel für einen Stier. Dort tankt er auf, dort findet er seinen Frieden, dort wird er gesund. Darüber hinaus finden sich in der Natur besonders viele Bitterstoffe, welche die Verdauung anregen. Es sind dies vor allem Schlehenblüten, Löffelkrautblätter und -blüten, Kalmus-, Schafgarben-, Sauerampfer-, Süßholz-, Enzian- und Engelsüßwurzeln. Man sammelt all das – unter Berücksichtigung der Naturschutzvorschriften – möglichst in den Tagen, in denen der Mond im Zeichen Stier, Jungfrau oder Skorpion steht.

Die richtige Diät für Stiere
Für einen Stier ist jede Diät, bei der er auf sein geliebtes Essen verzichten muss, eine Zumutung. Aber gerade deswegen braucht er eine gesunde Ernährung, weil er sich sonst eher früher als später mit lästigen Pfunden herumschlagen muss.

Ich denke, dass das System der Trennkost gut zu ihm passt. Bei dieser Diät braucht man eigentlich auf nichts zu verzichten, muss lediglich bei der Auswahl und Zubereitung darauf achten, bestimmte Mischungsverhältnisse einzuhalten. Ratgeber zu dieser Diät findet man im gutsortierten Buchhandel.

Beruf und Karriere

Das Leibliche liegt sehr am Herzen

Wenn ein Stier das Alter erreicht, in dem man sich für einen Beruf entscheidet oder ein Studium wählt, dann stößt er natürlich beim Ausloten der verschiedenen Möglichkeiten einerseits auf solche Tätigkeiten, die – wenn auch nur sehr entfernt – in Zusammenhang mit seiner immensen Lust und Sinnlichkeit stehen, andererseits lässt er sich bestimmt auch davon leiten, möglichst schnell möglichst viel Geld zu verdienen.
Tätigkeiten, die auch nur im weitesten Sinn mit Essen zu tun haben, gehören meines Erachtens zu den beliebtesten Stierberufen. Die Interessengebiete reichen vom Agrarwissenschaftler bis zum Lebensmittellaboranten, vom alternativen Biobauern bis zum Molkerei-Ingenieur, vom Weinbauern bis zum Brauereidirektor, vom Bäcker bis zum Konfiseriefabrikanten, vom Metzger bis zum Leiter einer Fleischvertriebskette, vom Tante-Emma-Laden-Besitzer bis zum Eigentümer einer Feinkostladenkette. Und natürlich gehört hierher auch das weite Feld der Gastronomie – vom Tellerwäscher über den Koch, Kellner und Barkeeper bis zum Restaurantbesitzer.
Ich möchte Ihnen kurz den beruflichen Lebensweg eines Italieners schildern, weil er zeigt, wie durch Sterne vorgegebene Anlagen sich durchsetzen, auch wenn die äußeren Lebensumstände scheinbar dagegen sind.
Giovanni, so heißt der Mann, wuchs in Pisa als Sohn armer Kleinbauern auf. Zumindest eines bekam er während seiner Jugend für seinen späteren Beruf mit: Seine Eltern hatten zwar nicht viel zu essen, aber das, was sie auf den Tisch stellten, war mit größter Sorgfalt und Liebe zubereitet. Ansonsten erinnert er sich nur daran, dass es zu Hause nie Geld gab, und er ging deswegen mit achtzehn nach Deutschland, um bei einem großen Autofabrikanten am Fließband zu stehen. Dort schuftete er drei Jahre lang,

lernte dann eine Italienerin kennen, deren Vater eine italienische Gaststätte besaß. Giovanni bekam so Kontakt mit der Gastronomie, und als er eines Tages gefragt wurde, ob er für eine Küchenhilfe, die ausgefallen war, einspringen würde, sagte er sofort ja. Natürlich gefiel es ihm in der Küche besser als am Fließband. Als sich die Gelegenheit ergab, fest im Restaurant seiner Freundin zu arbeiten, kündigte er seinen anderen Job. Über seine Freundin und wiederum deren Freundin kam er eines Tages zu mir in eine Sitzung. Er fragte mich, was ich als Astrologe davon hielte, wenn er Gastronom werde. Ich sagte ihm natürlich, dass dies genau der richtige Beruf für einen Stier sei. (Er ist übrigens doppelter Stier, das heißt, auch sein Aszendent steht im Zeichen Stier; siehe Teil II).

Da ich in das Restaurant, in dem er dann arbeitete, des Öfteren zum Essen ging, entstand eine Art Bekanntschaft; ich weiß daher von Giovannis weiterem Lebensweg: Drei Jahre später ging er zurück nach Pisa und eröffnete dort mit mehreren Freunden zusammen ein großes Restaurant. Es war für den Anfang zu groß, wie sich herausstellte, die Leute machten Pleite und hinterließen einen Berg von Schulden. Drei Jahre später riskierte Giovanni einen zweiten Versuch, dieses Mal mit nur einem Partner und im ganz kleinen Stil. Und jetzt funktionierte es. Innerhalb von einem Jahr galt das kleine Lokal als neuester Insidertipp in der Stadt am Arno. Giovanni konnte ein zweites, größeres Restaurant eröffnen, das wieder einschlug, er bekam einen Michelinstern und verdient seit einigen Jahren gut.

Was sein Talent für den gastronomischen Bereich betrifft, ist Giovanni kein Einzelfall. Ich persönlich kenne noch vier Bar- bzw. Restaurantbesitzer mit dem Sternzeichen Stier. Und ich bin sicher, dass sich im Bereich der Gastronomie noch viele Stiere finden. Denn gute Lebensmittel auszusuchen, sie zuzubereiten und zu servieren – und freilich auch zu essen –, das ist eines Stieres Grundbedürfnis und Lieblingsbeschäftigung. Warum soll er das nicht zu seinem Beruf erklären, was er ohnehin gern macht – und gutes Geld dafür kassieren?

Die Venus ist das regierende Gestirn aller Stiergeborenen, das wurde schon gesagt; auch dass dieser Planet ein Symbol für Schönheit ist. Ihrer göttlichen Venus alias Aphrodite entsprechend, zeigen Stiere daher auch große Talente in allen gestalterischen und künstlerischen Berufen. Wo es um Schönheit und Geschmack geht, sind sie fabelhaft, und sie sind gute Schneider und Modeschöpfer, machen aber auch als Model eine tolle Figur. Sie sind erfolgreiche Boutiquebesitzer und Schaufensterdekorateure, und sie können gärtnern und herrliche Blumenarrangements zusammenstellen. Auch unter Kosmetikerinnen und Maskenbildnerinnen finden sich jede Menge Stiere.

Dass derart begabte Menschen auch das Zeug zum großen Künstler haben, ist nicht verwunderlich. In einem meiner Computerprogramme befindet sich eine Liste verstorbener und lebender Künstler. Wenn ich diese Liste nach Tierkreiszeichen ordne, ist diejenige von Stiergeborenen sehr lang. Nur unter einem einzigen anderen Sternzeichen gibt es ebenso viele prominente Maler, Musiker, Schriftsteller, Bildhauer und Sänger, nämlich bei den Waagegeborenen. Und Waagen werden bekanntlich ebenfalls von Venus regiert. Hier seien wenigstens einige Namen berühmter Stiergeborener genannt: die Komponisten Johannes Brahms und Peter Tschaikowsky, die Dichter Novalis, William Shakespeare und Christian Morgenstern, die Maler Henri Rousseau, Leonardo da Vinci und Salvador Dalí, die Sänger Bing Crosby, Udo Lindenberg und Richard Tauber.

Stiere sind äußerst praktisch, auch das wurde schon erwähnt. Entsprechend würde man erwarten, dass sie vor allem handwerkliche Berufe – Maurer, Maler, Schreiner, Mechaniker – ergreifen. Dass dies nicht der Fall ist, wie sich aufgrund einer statistischen Untersuchung herausstellte (Gunter Sachs, *Die Akte Astrologie*), hat meines Erachtens einen ganz einfachen Grund: Als Handwerker verdient man nicht so viel, und das, was bei einer Arbeit herumkommt, ist einem Stier allemal genauso wichtig wie eine befriedigende Tätigkeit. Stiere werden aber gern Architekten oder Zahnärzte, denn bei beiden Berufen trifft ihr handwerkliches Geschick auf die Möglichkeit, damit Geld zu verdienen. Ich kenne auch Stiere, die als Antiquitätenhändler bzw. als alternative Schreiner einen Beruf gefunden haben, der ihnen viel Freude macht und auch recht einträglich ist.

Stiere sind eher konservativ. Das bedeutet, dass sie gern in einem Metier arbeiten, das sich mit Vergangenem beschäftigt, also zum Beispiel als Historiker, Denkmalpfleger, Restaurateur, Archivar oder Ethnologe. Auch in Berufe, die ein gewisses Traditionsbewusstsein pflegen, zieht es so manchen Stier.

Sinnlicher Unterricht sowie Sicherheit und Geld

Stiere betrachten das Leben realistisch und mit Hilfe ihrer fünf Sinne. Wertvoll ist, was gut klingt, angenehm riecht und schmeckt, schön aussieht und was sich anfassen lässt. Das führt dazu, dass sie Abstraktes konkretisieren und anschaulich machen können. Es gelingt ihnen spielend, komplizierte Zusammenhänge überschaubar darzustellen. Beim Lesen von Büchern des großen Psychoanalytikers und Stiers Sigmund Freud zum Beispiel entsteht der Eindruck, als sähe man die Bereiche der Seele (Es, Ich, Über-Ich) ganz real und deutlich vor sich, obwohl es doch nur Erfindungen, Symbole, Metaphern sind. Ähnlich ergeht es einem, wenn man den Stier Karl Marx studiert. Bestimmt hatten diese beiden Menschen auch deswegen einen dermaßen großen Erfolg, weil ihre Theorien so überaus anschaulich, ja, regelrecht sinnlich sind.

Ich kenne einen Stier, der sich mit Computern zu beschäftigen begann, als dieses Medium ein neues Arbeitsinstrument wurde. Er war Sozialarbeiter und führte mit Jugendlichen ein Resozialisierungsprogramm durch. Seine Seminare waren bekannt und beliebt, weil es ihm gelang, den Stoff lebendig und anschaulich zu vermitteln. Als es dann darum ging, den Jugendlichen die Arbeit am PC nahezubringen, ging er genauso anschaulich vor. Er ließ Bits durch Mitspieler darstellen, die aufstanden, wenn sie »Eins« waren, und sich hinsetzten, wenn sie die »Null« vertraten. Ein

Byte waren entsprechend acht Mitspieler, die je nach Anordnung (sitzend – stehend) einen anderen Buchstaben darstellten. MS-DOS war eine Insel, die es à la Robinson Crusoe zu entdecken galt, und der Speicher war tatsächlich ein Raum, in dem man Koffer, die wiederum Programme darstellten, ablegen konnte. Kurz, es gelang ihm, die abstrakte und schwerverständliche Welt des Computers wunderbar zu übersetzen. Dieser Stier ist in der Zwischenzeit ein Topberater im Managementbereich und verdient mit Hilfe seiner anschaulichen Didaktik manchmal am Tag mehrere tausend Euro.

Dass Stiere häufig und gern Lehrer werden (Grundschul-, Fach- oder Oberstufenlehrer), hat sicher mit ihrer sinnlich-pädagogischen Fähigkeit zu tun, natürlich auch damit, dass man als Lehrer staatliche Sicherheit genießt und – das ist wenigstens die Hoffnung – nicht allzu viel arbeiten muss.

Ihr Bezug zur Erde und ihre große Sinnlichkeit machen aus Stieren auch ausgezeichnete Heiler, insbesondere Körpertherapeuten, Chiropraktiker oder Masseure, aber auch – das ist wieder statistisch gesichert – Psychologen. Sie haben »heilende Hände«. Sie übertragen ihre Natürlichkeit auf den Kranken. Beispiele für berühmte Körpertherapeuten unter den Stieren sind Sebastian Kneipp (der Begründer der nach ihm benannten Therapiemaßnahmen, von denen vor allem das Wassertreten bekannt geworden ist), Moshé Feldenkrais (der Begründer einer Methode, die zur Verbesserung der Körperwahrnehmung führt) und Gerda Boyesen, die eine »biodynamische Therapie« (Massage) entwickelte. Anzuführen sind hier auch die Stiere Florence Nightingale, die im Krimkrieg in der Türkei und auf der Krim die Verwundeten- und Krankenpflege organisierte, sowie Henri Dunant, der Begründer des Internationalen Roten Kreuzes.

Stärke und Achillesferse zugleich ist das stark entwickelte Sicherheitsdenken der Stiere. Mit ihrer fixen Erdenergie können sie, einmal überspitzt formuliert, keinen Schritt tun, ohne zu überlegen, wohin dieser führt, was er ihnen bringt und sie kostet. Das macht sie zu erfolgreichen Leuten, denen keiner ein X für ein U vormachen kann. Auf der anderen Seite kann eine derartige Lebenseinstellung aber auch den Weg zu beruflicher Erfüllung regelrecht verbauen, zum Beispiel dann, wenn jemand einen längeren Ausbildungsweg vor sich hat. Einen Studenten der Politik, Philosophie oder Soziologie zum Beispiel lockt ein Ziel, das fern vor ihm liegt und von dem er nicht einmal weiß, ob er einmal davon leben kann. Für einen »wie der Stier denkenden« Menschen ist solch ein Weg schwer gangbar. Er will eine Ausbildung, die kurz ist und schnell zu Geld führt. Oft genug verzichtet er sogar lieber gleich auf den Stand eines »brotlosen Gelehrten«.

Das Thema Finanzen ist mindestens genauso wichtig wie Sinnlichkeit und Lust. Das führt dazu, dass viele Stiere dort arbeiten, wo sich Geld befindet, also bei einer Bank, beim Finanzamt, an einer Kasse, bei Versicherungen oder an der Börse. Und natürlich ist auch Kaufmann bzw. -frau ein typischer und beliebter Stierberuf.

Das Arbeitsumfeld und die Berufe

Wo arbeiten Stiere am liebsten?

Stiere arbeiten mit Vorliebe in Berufen, in denen es um die Verarbeitung sinnlicher, konkreter und praktischer Eindrücke geht. Bei der Herstellung, beim Handel, bei der Organisation und Verwaltung von Geld, Besitz, Materie, aber auch von Ideen, sind sie in ihrem Element. Man findet sie vor allem da, wo die Natur eine Rolle spielt, ebenso in Berufen, in denen konstruiert, gebaut und eingerichtet wird. Wo verwaltet und verwertet, wo Kunst produziert und vertrieben, wo gelehrt und unterrichtet wird, fühlen sie sich ebenso am richtigen Platz. Sie arbeiten gern in einem Umfeld, in dem ein solides (lukratives) Handwerk ausgeführt wird. Ernährung, Psyche, Familie und Geschichte sind weitere Themen, mit denen sie sich bevorzugt beruflich auseinandersetzen. Geht es um

Kunst, Geschmack, Schönheit, Entspannung und Sinnlichkeit, fühlt sich der Stier gut aufgehoben; ebenso dort, wo Statik und Technik, Tradition und Heilung eine Rolle spielen und es um Verwaltung, Nachlass, Versicherung und Krankheit geht.

Berufe der Stiere

A/B (Angestellter/Beamter) Arbeitsverwaltung, A/B Behörden Bund/Länder, A/B Bergverwaltung, A/B Bundesbank, A/B Bundesgrenzschutz, A/B Deutsche Bundespost, A/B Deutsches Patentamt, A/B Finanzverwaltung, A/B Gewerbeaufsicht, A/B Kommunalverwaltungen, A/B Sozialversicherungsanstalten, Agraringenieur, Altenpfleger, Antiquitätenhändler, Anwendungsprogrammierer, Archivar, Bankkaufmann, Berufe in Umweltorganisationen, Berufsschullehrer, Bilanzbuchhalter, Biochemiker, Biotechniker, Blumenbinder, Botaniker, Buchhalter, Bürogehilfe, Bürokaufmann, Chemielaborant, Chemiker, chemisch-technischer Assistent, Chemotechniker, Datenbankspezialist, Datenverarbeitungskaufmann, Dekorateur, Dipl.-Ing. Fachrichtung Chemie, Dipl.-Ing. Hoch- und Tiefbau, Dipl.-Ing. in der Entwicklung, Dipl.-Ing. in der Konstruktion, Dipl.-Ing. in Fertigungstechnik, Diplombetriebswirt, -forstwirt, -handelslehrer, -holzwirt, -ingenieur, -kaufmann, -pädagoge, -physiker, -psychologe, -volkswirt, Dorfhelfer, EDV-Organisator, Einzelhandelskaufmann, Elektrotechniker, Energiemanager, Facharzt für Allgemeinmedizin, Fachlehrer, Fachwirt für Tagungs-, Kongress- und Messewirtschaft, Fahrlehrer, Familienpfleger, Fußpfleger, Gartenbauarchitekt, Gärtner, Gebäudetechniker, Gentechniker, Geograph, Geologe, Geophysiker, Germanist, Gewerbelehrer, Grund- und Hauptschullehrer, Haustechniker, Heilpädagoge, Heimleiter, Historiker, Hotel-, Industriekaufmann, Informatiker, Innenarchitekt, Kosmetiker, Landespfleger, Landschaftsplaner, Landwirt, landwirtschaftlich-technischer Assistent, Lebensmittelchemiker, Maskenbildner, Masseur, MAZ-Techniker, medizinischer Bademeister, Mikrobiologe, Mineraloge, Notar, Ökologe, Oberstufenlehrer, Ökomanager, Organisator, pädagogischer Assistent, Philologe, Philosoph, physikalisch-technischer Assistent, Physiklaborant, physiologischer Chemiker, Politiker, Privatdozent, Programmierer, Psychotherapeut, Recyclingfachmann, Restaurator, Schriftsteller, Sekretär, Seminarleiter, Speditionskaufmann, staatlich geprüfter Betriebswirt, Statistiker, Steuerberater, Steuerbevollmächtigter, Techniker in der Entwicklung, in der Fertigungstechnik, in der Konstruktion oder in Verfahrenstechnik, technischer Zeichner, Tierpräparator, Verlagskaufmann, Verleger, Versicherungs-, Werbekaufmann, Werklehrer, Wirtschaftsjurist, Wirtschaftsprüfer, Zahnarzthelfer.

Test: Wie »stierhaft« sind Sie eigentlich?

In diesem Test kann man erfahren, wie stierhaft man als Stiergeborener ist. Man gehe dabei folgendermaßen vor: Möchte man eine Frage mit einem Ja beantworten, soll man jeweils die Zahl ankreuzen. Wenn man also gern Testfahrer wäre, kreuzt man die Zahl 1 an (ein Nein wird nicht notiert).

	+	–
Wären Sie gern Testfahrer?	1	
Sind Sie ein Mensch, der gern Geld zurücklegt?	2	
Verstehen Sie etwas von Kunst?	3	
Sind Sie gern unter Menschen?	4	
Können Sie sich vorstellen, Politik zu machen?	5	
Können Sie gut Anordnungen geben?	6	
Möchten Sie an einer Grenze Personen kontrollieren?	7	
Möchten Sie Babys in einem Krankenhaus betreuen?	8	
Möchten Sie Tierpräparate herstellen?	9	
Ist es egal, was Sie arbeiten, Hauptsache, es gibt genug Geld?	10	
Ordnen Sie sich leicht unter?	11	
Haben Sie Geduld?	12	
Möchten Sie Prüflingen Noten geben?	13	
Möchten Sie auf dem Lande leben und arbeiten?	14	
Stehen Sie gern in der Öffentlichkeit?	15	
Möchten Sie Falschparkern einen Strafzettel geben?	16	

	+		−
Möchten Sie an einer Diät als Testperson mitmachen?	17		
Habe Sie gern mit Geld zu tun?	18		
Ist es Ihnen wichtig, anderen zu imponieren?	19		
Arbeiten Sie gern im Team?	20		
Könnten Sie von der Hand in den Mund leben?	21		
Interessieren Sie sich für Mode?	22		
Mögen Sie Risiko?	23		
Führen Sie gern technische Berechnungen durch?	24		
Wären Sie gern Entdeckungsreisender?	25		
Mögen Sie Veränderungen?	26		
Möchten Sie auf einer Bühne stehen?	27		
Können Sie gut allein sein?	28		
Können Sie leicht auf die Tageszeitung verzichten?	29		
Möchten Sie gern Jugendliche betreuen?	30		
Halten Sie Gefühle für wichtiger als den Verstand?	31		
Können Sie leicht aus sich herausgehen?	32		
Liegt Ihnen das Wohlergehen anderer am Herzen?	33		
Sind Sie gern Gastgeber?	34		
Betreuen Sie gern Kranke?	35		
Wären Sie gern Lehrer?	36		
Sind Sie ein beständiger Mensch?	37		
Gehen Sie gern und häufig aus?	38		
Möchten Sie Menschen beraten?	39		
Möchten Sie Schaufenster dekorieren?	40		

	+	−
Möchten Sie gefährliche Chemikalien transportieren?	41	
Würden Sie gern an einem Bankschalter stehen?	42	
Treiben Sie gern Sport?	43	
Würden Sie gern als Diskjockey arbeiten?	44	
Würden Sie gern Weltraumpilot sein?	45	
Möchten Sie viel reisen?	46	
Möchten Sie gern Reporter sein?	47	
Stellen Sie sich gern an die Spitze?	48	
Wären Sie gern Fotomodell?	49	
Können Sie leicht bei einer Sache bleiben?	50	
Summe	___	___

Auswertung

Schreiben Sie immer dann ein Plus (+) links neben die Zahl, wenn Sie die Nummern 2, 3, 10, 12, 14, 18, 22, 24, 34, 36, 37, 40, 42, 49, 50 angekreuzt haben (maximal fünfzehnmal ein Plus).

Tragen Sie immer ein Minus (−) rechts neben die Zahl, wenn Sie die Nummern 1, 17, 19, 20, 21, 23, 25, 26, 41, 45, 46, 47 angekreuzt haben (maximal zwölfmal ein Minus).

Ziehen Sie die Anzahl der Minus- von der Anzahl der Pluszeichen ab. Die Differenz ist Ihr Testergebnis.

Interpretation

Das Testergebnis beträgt 6 oder mehr Punkte: Sie sind eine hundertprozentiger Stier. Alles, was in diesem Buch über die Natur des Stiers gesagt wurde, trifft auf Sie zu. Sie sind sinnlich, praktisch, haben Geschmack und besitzen einen Sinn für Ästhetik. Sie sind ein Erdmensch, was heißt, dass Sie sich auf das verlassen, was

Sie kennen. Sie wollen Sicherheit und lieben es, wenn möglichst alles so bleibt, wie es ist.

Das Testergebnis liegt zwischen 2 und 5 Punkten: Bei Ihnen ist das Stiernaturell gedämpft. Wahrscheinlich haben Sie einen Aszendenten, der eine andere Qualität aufweist. Oder Ihr Mond steht in einem anderen Zeichen. Für Sie ist es daher interessant, die Stellung Ihres Mondes und Ihren Aszendenten im zweiten Teil dieses Buches kennenzulernen. Es kann aber auch sein, dass Sie durch frühere Erfahrungen dazu veranlasst wurden, Ihr Stiernaturell abzulehnen. Dann ist es besonders wichtig, dass Sie sich damit wieder anfreunden und es mehr zulassen.

Das Testergebnis beträgt weniger als 2 Punkte: Sie sind ein untypischer Stier. Wahrscheinlich haben Sie einen Aszendenten, der sich völlig anders als das Stierprinzip deuten lässt, oder Ihr Mond steht in einem solchen Zeichen. Es wird sehr spannend für Sie sein, dies im zweiten Teil des Buches herauszufinden. Sie haben es im Laufe Ihres Lebens womöglich auch für nötig befunden, Ihre Stierseite abzulehnen und zu verdrängen. Es ist daher Ihre Aufgabe, sich mit diesem Teil Ihrer Persönlichkeit wieder anzufreunden: Sie sind ein Geschöpf der Erde, das von seinem Naturell her dafür geschaffen ist, Lust und Sinnlichkeit zu leben, aus dem Vollen zu schöpfen und beruhigend auf andere zu wirken.

Teil II
Die ganz persönlichen Eigenschaften

Der Aszendent und die Stellung von Mond, Venus & Co.

Vorbemerkung

In Teil I wurde erläutert, wie man zu dem »Sternzeichen« Stier kommt, nämlich dadurch, dass die Sonne zum Zeitpunkt der Geburt in diesem Abschnitt des Tierkreises stand. Nun gibt es in unserem Sonnensystem bekanntlich noch andere Himmelskörper, von denen der Erdtrabant Mond und die Planeten für die Astrologie bedeutsam sind. Sie alle haben ebenfalls entsprechend ihrer Stellung bei einer Geburt eine spezifische Aussagekraft. Obendrein spielen auch noch der Aszendent, die astrologischen Häuser und weitere Faktoren eine Rolle. Alles zusammen ergibt ein Horoskop.

Dieses Wort hat seine Wurzeln im Griechischen und heißt so viel wie »Stundenschau«, weil ein Horoskop auf die Geburtsstunde (eigentlich Geburtsminute) genau erstellt wird. Es ist also eine – in Zeichen und Symbole übersetzte – Aufnahme der astrologischen Gestirnskonstellationen zum Zeitpunkt einer Geburt. Es spiegelt die vollständige Persönlichkeit eines Menschen wider.

Im Folgenden werden die neben der Sonne wichtigsten Größen eines Horoskops gedeutet: Aszendent, Mond, Merkur, Venus, Mars, Jupiter und Saturn. Sie können mit Hilfe des Geburtstags und der Geburtszeit ihre Position im Tierkreis ermitteln und dann die jeweilige Bedeutung kennenlernen. Die Interpretation dieser Horoskopfaktoren ist manchmal vom Sonnenzeichen des oder der Betreffenden abhängig, im Großen und Ganzen jedoch nicht. Entsprechend findet man in den verschiedenen Bänden dieser Buchreihe in der jeweiligen Beschreibung die gleichen oder ähnliche Aussagen.

Auf der anderen Seite ist es wichtig, zu verstehen, dass die Interpretation einer einzelnen Größe wie zum Beispiel Aszendent,

Mond oder Sonne immer nur einen bestimmten Aspekt wiedergibt, der eventuell widersprüchlich zu dem sein kann, was über einen anderen Faktor gesagt ist. Die Kunst der Astrologie beruht aber gerade darauf, Verschiedenes, eventuell sogar sich Widersprechendes, miteinander zu verbinden bzw. gemäß der eigenen Intuition und Erfahrung zu gewichten.

Wie erfährt man nun, in welchem Tierkreiszeichen die weiteren Horoskopfaktoren stehen? Astrologen mussten früher tatsächlich den Himmel studieren, um herauszufinden, welche Position die wichtigen Gestirne einnahmen. Aber wie gesagt erstellten findige Köpfe schon bald Tabellen, sogenannte Ephemeriden, denen man den Lauf der Planeten entnehmen konnte. Seit der Erfindung und Verbreitung der Computertechnologie kann man nun auch auf diese Ephemeridenbücher verzichten. Man ersteht ein Astrologieprogramm, gibt Geburtstag, -zeit und -ort ein, und auf einen Klick erscheinen alle Angaben, die man braucht. Heute ist infolge der großen Verbreitung des Internets auch das eigene Astrologieprogramm überflüssig geworden. Im World Wide Web existieren Plattformen, auf denen sich ebenfalls ganz einfach die Planetenpositionen errechnen und darstellen lassen. Man kann zum Beispiel über die Homepage des Autors sämtliche Angaben über die exakte Position von Sonne, Mond, Aszendent und den weiteren Gestirnen in einem Horoskop kostenlos herunterladen. Die Adresse: www.bauer-astro.de.

Die Grafik auf Seite 94 zeigt das Horoskop eines bekannten Stiergeborenen, nämlich des Arztes und Psychoanalytikers Sigmund Freud. Er wurde am 6. Mai 1856 um 18.30 Uhr in Freiberg/Mähren (heute Tschechien) geboren. Das Horoskop hält seinen Geburtsmoment grafisch fest. Die Sonne ☉ stand im Zeichen Stier ♉ auf der rechten Seite des Horoskops. Aber die Sonne ist nur eine Größe seines Horoskops. Man erkennt links den Aszendenten *AC*, der im Skorpionzeichen ♏ liegt. Der Mond ☽, obere Hälfte rechts, befand sich bei der Geburt von Freud im Zeichen Zwillinge ♊. Außerdem sind noch viele weitere Gestirne und wichtige Punkte im Horoskop enthalten. Ein ausführliches Horoskop berücksichtigt die Position aller Gestirne und des Aszendenten und kommt erst dann zu einer umfassenden und gründlichen Persönlichkeitsdiagnose.

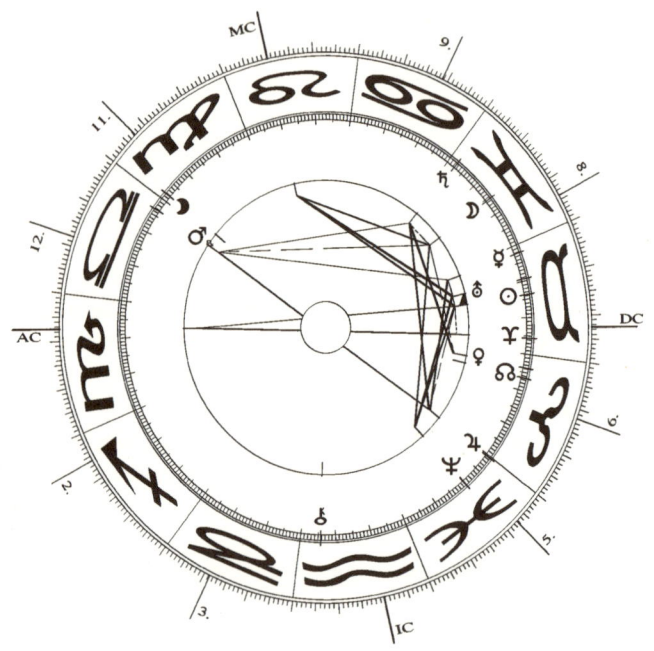

Der Aszendent – Die individuelle Note

Die Bedeutung des Aszendenten

Wir sprechen in diesem Buch vom Sonnenzeichen Stier, dies ist aber wie gesagt nur *ein* Aspekt einer Persönlichkeit. Die Astrologie kennt noch viele andere, wovon der Aszendent der wichtigste ist. Für die Bestimmung des Aszendenten muss man allerdings die genaue Geburtszeit kennen. Sie ist erfahrbar, weil sie auf dem

Standesamt des Geburtsorts festgehalten wird. Wenn Sie also nicht die Zeit kennen, zu der Sie das Licht der Welt erblickt haben, können Sie dort anfragen und um Auskunft bitten.

Als ich vor über dreißig Jahren damit begann, Horoskope zu erstellen, war ich zunächst sehr erstaunt darüber, dass die Geburtszeit neben dem Geburtstag in den Büchern der Standesämter festgehalten wird. Der Geburtstag dient dem Staat neben anderen Angaben zur eindeutigen Identifizierung einer Person. Aber welchen Zweck erfüllt die Geburtszeit für die Bürokratie? Für mich liegt darin auch heute noch kein größerer Nutzen als dieser: Durch die schriftliche Fixierung der Geburtszeit liefern die Behörden der Astrologie die wichtigste Berechnungsgrundlage und ermöglichen so jedem Menschen einen Blick auf den ganz persönlichen, einzigartigen Anfang seines Lebens.

Der Aszendent symbolisiert die individuelle Note. Das Sonnen- oder Tierkreiszeichen Stier hat man ja gemeinsam mit allen Menschen, die zwischen dem 21. April und 20. Mai geboren sind. Der Aszendent jedoch ergibt sich aus der ganz persönlichen Geburtszeit. Aber was bedeutet nun der Aszendent? Bekanntlich dreht sich die Erde in zirka 24 Stunden um ihre eigene Achse. Von der Erde aus gesehen, beschreibt die Sonne dabei aber einen Kreis um unseren Planeten. Dieser Kreis wird – ebenso wie beim scheinbaren Kreislauf der Sonne um die Erde innerhalb eines Jahres – in zwölf Abschnitte unterteilt: die zwölf Zeichen des Tierkreises. Entsprechend steigt am östlichen Horizont etwa alle zwei Stunden ein neues Tierkreiszeichen auf. Dasjenige, das zum Zeitpunkt einer Geburt (oder eines anderen wichtigen Ereignisses) gerade dort aufging, nennt man »Aszendent« (dieser Begriff ist abgeleitet vom lateinischen Verb *ascendere* = »aufsteigen«).

Die Deutung des Aszendenten ist auch dementsprechend: Zunächst einmal wollen die Anlagen (repräsentiert durch den Aszendenten) das Gleiche wie das Tierkreiszeichen am Himmel, nämlich »aufgehen«. Wenn jemand zum Beispiel Aszendent Widder »ist«, strebt die durch dieses Zeichen symbolisierte Kraft danach, im Leben des Menschen mit Aszendent Widder aufzugehen. Es

versuchen sich also Widderkräfte zu verwirklichen. Allerdings sind mit einem bestimmten Aszendenten zwar bestimmte Muster und Energien vorgegeben. Aber es bleibt immer eine Freiheit in der Gestaltung. Je mehr es einem gelingt, sich vom Allgemeinen abzuheben, umso individueller und einmaliger wird man sein, und umso eher erfüllt man seine eigentliche Bestimmung, nämlich ein einmaliger und unverwechselbarer Mensch zu sein.
Ergänzen sich Aszendent und Tierkreiszeichen, dann fällt dies leicht. Zuweilen sind sie aber völlig entgegengesetzt. Entsprechend fällt es einem schwerer, seinen Aszendenten neben seinem Sternzeichen in sein Leben zu integrieren. Der Aszendent dient also einerseits dazu, uns eine individuelle und besondere Note zu verleihen. Darüber hinaus begleitet den Aszendenten ein Sehnen, sich in eine kosmische oder spirituelle Kraft zu verwandeln, »in den Himmel zu steigen«, wie ja auch das tatsächliche Aszendentenzeichen sich im Osten von der Erde erhebt und gen Himmel strebt.

Auf den folgenden Seiten finden sich die zentralen oder wichtigsten Eigenschaften der zwölf möglichen Aszendenten von Stiergeborenen.
Die exakte Aszendentenposition lässt sich wie gesagt über die Homepage des Autors herunterladen (www.bauer-astro.de).

Der Stier und seine Aszendenten

Aszendent Widder – Ein Krieger werden
Aszendentenstärken Direkt, spontan, dynamisch, durchsetzungsstark
Aszendentenschwächen Ungeduldig, launisch

Mit dem Aszendenten Widder kommt man auf die Welt, um ein Krieger zu werden. Dieses Wort bedarf einer besonderen Erklärung. Denn mit einem Krieger verbindet man gewöhnlich schreckliche Geschehnisse, schwerbewaffnete Männer (und Frauen), die – meist einem Befehl folgend – töten, foltern, vergewaltigen, enteignen, vertreiben, zerstören, vernichten. Das mögen durchaus auch unerlöste Anteile dieser Aszendentenenergie sein, sie haben aber mit einem bewussten und wissenden Umgang damit nichts zu tun. Der »Krieger« in unserem Sinne steht vielmehr für das Leben. Er verkörpert Initiative, Kraft, Lebendigkeit. Nichts, aber auch gar nichts verbindet ihn mit Zerstörung, Verletzung oder gar Tod. Im Gegenteil. Die höchste Vollendung als Krieger besteht darin, dass er alles aus dem Bewusstsein heraus tut, beim Punkt null zu beginnen. Nichts war schon einmal. Alles ist neu. Der Atem. Das Öffnen der Augen. Das Gehen. Menschen mit dem Aszendenten Widder werden ihr ganzes Leben lang immer wieder neu geboren. Alles, was ihnen widerfährt, zählt als Herausforderung.

Diese Menschen lernen aus Problemen, Schwierigkeiten und Behinderungen, so dass sie in Zukunft gewappnet sind. Auch die Angst werden sie mit der Zeit kennenlernen und wie ein Krieger an ihr wachsen. Angst gleicht einem Heer unsichtbarer Gegner. Man spürt nur, dass man bedrängt wird, eingeengt ist, nicht weiterkann. Aber hat man nicht schon bei seiner Geburt die Erfahrung gemacht, dass es immer weitergeht? Man darf nicht stehen bleiben. Wenn man nicht aufgibt, wird man immer stärker im Leben. Vielleicht muss man zuweilen nachgeben, sich aber sein Ziel immer vor Augen halten. Umwege sind denkbar und Pausen, doch den eigentlichen Weg wird man nie aus den Augen verlieren.

Mit diesem Aszendenten ist eine jugendliche Gestalt verbunden, und zudem sind so manche »wilden« Unternehmungen älteren Menschen oft nicht mehr möglich. Trotzdem sollten sie ihren Körper sorgfältig pflegen und im Rahmen des Möglichen ertüchtigen. Regelmäßige Gymnastik und eine gesunde Ernährung sind einfach unerlässlich. Noch wichtiger aber ist die geistige Beweglichkeit. Aszendent-Widder-Menschen haben in der Regel das Glück, im Alter fit im Kopf zu bleiben. Aber sie müssen ihren Geist auch immer wieder trainieren. Außerdem können sie den geistigen Alterungsprozess durch Nahrungsergänzungen (Ginkgo zum Beispiel) hinausschieben. Es geht im Alter auch darum, mehr und mehr für Inspirationen empfänglich zu werden. Sich ihnen zu öffnen bedeutet, an der Welt der Ideale, dem Sein, unmittelbar teilzuhaben.

Wenn der Tod irgendwann kommt, werden sie auch diesem Faktum als Krieger begegnen: Sie haben ihren letzten großen Kampf vor sich und stellen sich ihm – mutig, entschlossen, bereit.

Aszendenten-Check
Wie ergänzen sich Sonne und Aszendent? Das Sonnenzeichen Stier und Ihr Aszendentenzeichen Widder sind widersprüchlich. Das Widderprinzip setzt auf Bewegung und Dynamik, das Stierprinzip auf Ruhe und Statik. Man gerät daher immer wieder in ein Spannungsfeld zwischen Antrieb und Hemmung. Letztendlich profitiert aber das Leben davon, weil die Anstrengungen weder verpuffen noch das Leben vor lauter Ruhe erstarrt.

Aszendent Stier – Ein Alchemist werden

Aszendentenstärken Solide, sachlich, praktisch, sinnlich, kreativ, schöpferisch
Aszendentenschwächen Stur, inflexibel

Die Bezeichnung »Alchemist« in diesem Zusammenhang stammt von einem Koch mit dem Aszendenten im Zeichen Stier, der – erst 22 Jahre alt – bereits Chef über fünf weitere Köche war und mir in einer Astrologiesitzung sagte: »Ich bin eigentlich ein Alchemist. Ich mache aus einfachen Zutaten (Zucker, Mehl, Eier, Orangensaft …) ein Gericht, an dem sogar die Götter ihre Freude hätten.«

Natürlich lassen sich nicht nur einfache Lebensmittel in »Götterspeisen« transformieren. Genauso klappt es mit Häusern (Architekt), Wohnungseinrichtungen (Innenarchitekt), Pflanzen (Gärtner) und tausend anderen Aufgabenfeldern. Ich frage mich manchmal, ob die Fähigkeit mancher Menschen, ihr Geld mit Hilfe von Spekulation zu vermehren, nicht auch eine moderne Form der Alchemie darstellt. Ob vielleicht Börsianer wie die Alchemisten im Mittelalter Beschwörungsformeln aussprechen, damit ihre Aktien steigen?

Alles lässt sich im Sinne der Alchemie in einen höheren Zustand transformieren. Es ist eine Frage des Bewusstseins. Wenn man sich einmal darüber klar ist, dass man diese Gabe besitzt, geht man anders durchs Leben, nämlich in der Absicht, zu verschönern, alles sinnlicher, angenehmer, vollendeter werden zu lassen. Dann blühen plötzlich Rosen in prächtigeren Farben, der Himmel bekommt ein tieferes Blau, und das Glas Wasser, das man gerade trinkt, schmeckt wie ein nie gekosteter Hochgenuss: Die eigenen Sinne zu verfeinern ist der erste Schritt eines Alchemisten – das Sehen, Hören, Riechen, Schmecken, Tasten. Dann folgt der zweite: die Welt draußen formen, sein Outfit, die Wohnung, das Büro. Am Anfang braucht ein Alchemist noch Zeiten des Rückzugs, um sich zu sammeln und seine eigene Sinnlichkeit abseits allen Treibens zu trainieren. Aber mit der Zeit wird die ganze Welt sein Experimentierraum, und sein »Unterricht« dauert 24 Stunden. Selbst seine Träume beginnen sich zu gestalten, bekommen intensivere Farben und erzählen von fernen Welten – dem Garten Eden oder dem Schlaraffenland.

Der große Erleuchtete Buddha war sowohl von der Sonne als auch vom Aszendenten her ein Stier. Es heißt, dass dort, wo er ging, die Vögel noch lieblicher sangen und die Blüten der Bäume noch intensiver dufteten. Auch Orpheus, einem anderen erleuchteten Wesen, kann man ruhig einen Stieraszendenten »andichten«, obwohl natürlich keine offiziellen Angaben über seine Geburt existieren. Dem Mythos zufolge sang er so vollendet, dass alles um ihn herum verstummte: die Vögel und die Insekten, sogar die Wellen des Meeres und der Wind. Wie ein Buddha, wie Orpheus, so sollen Menschen mit dem Aszendenten Stier durchs Leben gehen.

Im Alter schwindet so manche der Sinnesfreuden: Essen und

Trinken haben meist nur noch nährende Funktion, der reine Sex reduziert sich auf ein bescheideneres Maß. Ausgleichend und die Sinne verfeinernd wirkt zum Beispiel die Beschäftigung mit Kunst, egal, ob man sich ihr nur betrachtend oder durch eigenes künstlerisches Tun widmet. Menschen mit dem Aszendenten im Zeichen Stier können jeden Ort, an dem sie leben, zum Garten Eden werden lassen.

Auch dem Tod begegnet ein Alchemist mit dem Mut, ihn zu erhöhen. Er stirbt nicht in Umnachtung, bewusstlos, verkrampft. Er nimmt die letzte große Aufgabe dieses Lebens an und schreitet anmutig hinüber in ein anderes.

Aszendenten-Check
Wie ergänzen sich Sonne und Aszendent? Mit dem Aszendenten ist man ein »doppelter Stier«, denn auch die Sonne befindet sich in diesem Zeichen. Nun kommt es allerdings ganz darauf an, ob man vor oder nach Sonnenaufgang geboren wurde. Diese Unterscheidung ist in der Astrologie äußerst wichtig. Man sollte sich daher ein sogenanntes Radixhoroskop erstellen lassen, denn anhand eines solchen Geburtshoroskops lässt sich diese wichtige Frage entscheiden.

Wurde man vor oder genau bei Sonnenaufgang geboren, steht die Sonne im ersten Haus. Damit ist man ein »Paradestier« – solide, sinnlich, praktisch und erdverbunden. Alles, was über Stiergeborene im ersten Teil des Buches geschrieben wurde, trifft in besonderem Maße zu. Was den Beruf anbelangt, sollte man unbedingt versuchen, eine Führungsfunktion zu übernehmen, denn dafür spricht diese Stellung. Wurde man hingegen nach Sonnenaufgang geboren, ist man eher ein nachdenklicher, sensibler Mensch, der es nicht leicht hat, seine Stiereigenschaften zu leben. Man ist besonders sensibel und hellhörig, ja, kann zuweilen richtig übersinnlich sein und Dinge erahnen. Auch das Einfühlungsvermögen ist enorm entwickelt. Wichtig ist, ein soziales Verantwortungsgefühl zu kultivieren, denn man hat anderen Menschen – der Gesellschaft gesamt – etwas Wichtiges zu geben.

Aszendent Zwillinge – Ein Kundschafter werden
Aszendentenstärken Gewandt, beredt, vielfältig, kommunikativ, verbindend
Aszendentenschwächen Zerstreut, unsicher

Wer unter dem Aszendenten Zwillinge auf die Welt kommt, ist immer irgendwie unterwegs – in Wirklichkeit oder in Gedanken. Er nimmt von hier etwas mit, trägt es nach dort, tauscht es mit etwas anderem aus und trägt das dann wieder mit sich fort. Dieser Aszendent macht zu einem Kundschafter, zu einem, der erforscht, entdeckt, ausspioniert, analysiert – und der sein Wissen dann weitergibt. Die Betroffenen behalten es nicht für sich, wenigstens nicht dauerhaft wie jemand mit dem Aszendenten Stier, der das, was er hat, behält und vermehrt. Die Bestimmung der Menschen mit Zwillingeaszendent lautet anders: Sie sind der Welt immer nur eine Zeit lang teilhaftig, verbinden sich, behalten, lassen wieder los.

Ein Kundschafter ist wissbegierig. Wo immer er sich aufhält, was immer er tut, er nimmt es mit all seinen Sinnen auf. Dennoch bleibt er in seinem Inneren neutral, er hält Distanz, er lässt sich nicht vereinnahmen. Er geht durchaus eine Beziehung ein. Er ist, was er tut, und ist es auch wieder nicht. Ein »Macher« und »Beobachter« zugleich. Insofern wird er auch immer irgendwie gespalten sein, doppelt – ein Zwillingswesen eben.

Menschen mit Zwillingeaszendent treten nicht als Krieger und Eroberer und auch nicht als Verteidiger und Beschützer auf. Sie sind neutral und friedlich. Ein Kundschafter sein bedeutet, die Kunst der Neutralität bei jeder Gelegenheit zu trainieren. Das heißt nicht, dass man keine Emotionen mehr haben soll. Aber man lernt zunehmend, sich von außen zu betrachten, sich selbst zu beobachten. Auf diese Weise identifiziert man sich immer weniger mit seinen oder den Gefühlen seiner Mitmenschen. Das bringt einem dann auch gelegentlich den Vorwurf der Oberflächlichkeit ein. Denn sich in allem wiederzufinden lässt einen an Tiefe verlieren. Damit muss man mit diesem Aszendenten leben.

Kunde nehmen, Kunde weitertragen, Kunde bringen: Darin liegt die Bestimmung.

Zwar wird es um Menschen mit einem Zwillingeaszendenten auch im Alter nicht so schnell ruhig, weil sie sich vorausschauend mit genügend Kontakten »eindecken«. Dennoch hinterlassen die Jahre ihre Spuren. Dann kommt es darauf an, ob man weiß oder zumindest ahnt, dass alles, was man in der Außenwelt suchte, eigentlich schon immer in einem selbst war und dass »allein sein« auch »alleins sein« bedeutet. Dann bringt das Alter Schönheit und tiefe Befriedigung.

Aszendenten-Check
Wie ergänzen sich Sonne und Aszendent? Das Sonnenzeichen Stier und das Aszendentenzeichen Zwillinge sind schwer unter einen Hut zu bringen. Um es ganz einfach zu sagen: Der »Stierteil« will seine Ruhe, der »Zwillingsteil« will möglichst viel erleben. Das kann wahnsinnig nervig, aber auch sehr anregend sein.

Aszendent Krebs – Ein Träumer werden

Aszendentenstärken Gefühlvoll, häuslich, sensibel, fürsorglich, mystisch, spirituell
Aszendentenschwächen Launisch, abhängig

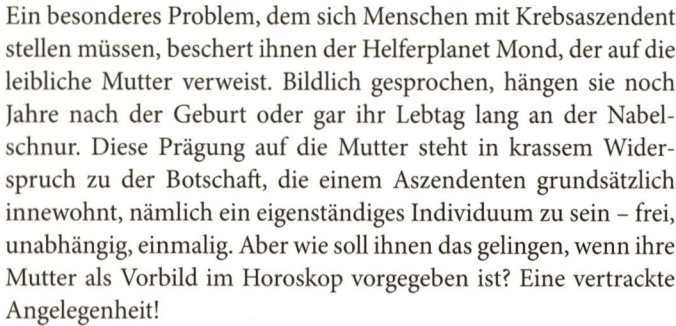

Ein besonderes Problem, dem sich Menschen mit Krebsaszendent stellen müssen, beschert ihnen der Helferplanet Mond, der auf die leibliche Mutter verweist. Bildlich gesprochen, hängen sie noch Jahre nach der Geburt oder gar ihr Lebtag lang an der Nabelschnur. Diese Prägung auf die Mutter steht in krassem Widerspruch zu der Botschaft, die einem Aszendenten grundsätzlich innewohnt, nämlich ein eigenständiges Individuum zu sein – frei, unabhängig, einmalig. Aber wie soll ihnen das gelingen, wenn ihre Mutter als Vorbild im Horoskop vorgegeben ist? Eine vertrackte Angelegenheit!

Ich meine, dass sich Menschen mit dem Aszendenten im Zeichen

Krebs ein eigenes, unabhängiges Verständnis der Mutterrolle (oder des Mutterbildes) erarbeiten sollten. Sie müssen sich gewissermaßen selbst »abnabeln«. Das wird schwierig und auch sehr schmerzvoll sein. Dabei darf es ihnen nicht darum gehen, besser als ihre Mutter zu werden. Sie müssen eine eigene »Mutter-Krebs-Qualität« entwickeln, schöpferisch sein und über die alten Muster hinaus einen Weg in die Eigenständigkeit finden.

Nur auf diese Weise lässt sich der Widerspruch lösen, der in dieser Konstellation liegt. In einer ewigen Antihaltung hängen zu bleiben (bloß keine Mutter sein) oder sich anzumaßen, die eigene Mutter zu überbieten, wie es oft bei Menschen mit einem Krebsaszendenten zu beobachten ist – meist sind es Töchter –, blockiert das Leben. Eine eigenständige Mutter zu sein heißt, auf den Grund des Wassers zu tauchen. Dort finden sie die nötigen Puzzlesteine, um das eigene Bild zu vollenden.

Menschen, die mit dem Krebsaszendenten geboren werden, haben besonders leicht Zugang zu einer Zwischenwelt, einem Bereich zwischen dem sogenannten Realen und dem Spirituellen. Sie tauchen immer wieder in diese Welt ein – ob im Schlaf oder in einem Tagtraum – und tanken Kraft und erhalten Eingebungen. Träume sind eine große Quelle der Wahrheit. Allerdings haben sie viel von ihrer heilenden und heiligen Kraft eingebüßt, seitdem die Wissenschaft sie physiologisch bzw. psychologisch zu erklären sucht. Dass Träume auch eine Verbindung zur göttlichen Welt bedeuten, blieb dabei scheinbar auf der Strecke. Besonders Menschen mit dem Aszendenten im Zeichen Krebs dürfen sich davon nicht beeinflussen lassen. Ein Träumer zu sein bedeutet, die Quelle allen Seins wieder ins Leben zu integrieren. Dann bekommt die reale Welt Spuren der anderen, wird intensiv, lebendig, schöpferisch. Man erlebt sie wie ein Künstler – ein Maler, Musiker, Dichter. Vor allem aber fließt Mitgefühl in das reale Leben ein. Denn in der spirituellen Welt existiert kein Ego, das meint, sich gegen andere Egos behaupten zu müssen. Alles ist mit allem in unendlicher Liebe verbunden. Ein Träumer zu sein bedeutet jedoch keineswegs, mit halbgeschlossenen Augen durch die Weltgeschichte zu wandeln. Im Gegenteil, die Verbindung zur Anderswelt lässt einen das Leben hier bewusster und intensiver wahrnehmen.

Wenn der Mensch mit dem Aszendenten Krebs einmal alt geworden ist und dem Tod begegnet, wird er ohne Zaudern hinübergehen in die Welt, die schon immer seine Heimat war.

Aszendenten-Check
Wie ergänzen sich Sonne und Aszendent? Das Sonnenzeichen Stier und das Aszendentenzeichen Krebs ergänzen sich prima, ja, unterstützen sich regelrecht. Denn der »Stierteil« fördert Solidität und Sicherheit, symbolisch die Erde. Der »Krebsteil« steht für »Wasser«, damit für Fruchtbarkeit. Bildhaft gesagt, kann die Erde des Stiers blühen und eine reiche Ernte bewirken.

Aszendent Löwe – Ein Glücksbringer werden
Aszendentenstärken Selbstbewusst, großzügig, sonnig, herzlich, schöpferisch
Aszendentenschwächen Stolz, träge

Wer unter dem Aszendenten Löwe das Licht der Welt erblickt, macht alle glücklich: Ein Königskind ist geboren, mögen die Verhältnisse unter dem Dach, das seine Wiege beherbergt, auch noch so ärmlich sein. Mit ihm zieht das Glück ein, und das bleibt im Grunde ein Leben lang so, wenn nicht widrige Umstände den natürlichen Charme dieser Menschen brechen. Auch Erwachsene umgibt eine besondere Ausstrahlung, eine »Grandezza«, die signalisiert: »Alle mal hersehen, jetzt komme ich!« Irgendwann hat man auch den entsprechenden Hofstaat (allesamt irgendwie besondere Typen) und in der Regel auch das nötige Kleingeld, um sich ein Dasein in Würde leisten zu können.

Aber es reicht nicht, sich sein Lebtag lang nur im Glanz dieses Sternzeichens zu sonnen. Mit dem Aszendenten ist einem auch der Auftrag in die Wiege gelegt, dem Leben Glanz, Freude und

Fröhlichkeit zu verleihen und den Mitmenschen eben Glück zu bringen. Das ist eine schwierige Aufgabe, denn für das, was ein glückliches Dasein wirklich ausmacht, mangelt es in unseren Zeiten immer mehr an Verständnis. Nur wenige leben in solch einem Glück und verbreiten es. Wir reden nicht vom Lottogewinn oder einer steilen Karriere, sondern von dem Glück, das Fröhlichkeit in die Augen zaubert, Selbstgewissheit schafft, einen mit Zuversicht in die Zukunft blicken lässt und in diesem Vertrauen sorglos macht. Das ist ausgesprochen rar.

Muss man nun, um solch ein Glück verbreiten zu können, über materiellen Reichtum verfügen? Wenn ja, womit soll jemand, der arm wie die sprichwörtliche Kirchenmaus ist, seinem Leben Glanz verleihen? Nun, erstens ist ein Mensch mit Löweaszendent niemals so bedürftig; zweitens geht es nicht um das persönliche, sondern um das Leben schlechthin; und drittens kann man selbst unter den kargsten Bedingungen wie ein Sonnenkönig wirken. Die Schönheit der Natur beschränkt sich ja nicht auf eine Rose oder Lotusblüte, wir erkennen sie genauso bei einem Vergissmeinnicht oder Gänseblümchen. Nichts kann einen also daran hindern, Glück zu verbreiten, ein Glücksbringer zu sein – außer man selbst. Wenn ein Mensch mit jenem wunderbaren Aszendenten die Welt nicht für »würdig« erachtet, dieses Füllhorn zu empfangen, versündigt er sich durch solche Hybris an seiner Geburt und seinem Aszendenten. Die Sonne wählt nicht aus, wem sie ihr Licht schenkt und wem nicht. Sie verbreitet ihr Licht und ihren Glanz nicht, um zu imponieren. Das hat sie nicht nötig. Auch diese Menschen müssen nicht um Anerkennung buhlen. Bedeutsamkeit haben sie allein schon durch ihre Geburt unter dem aufgehenden Löwezeichen. Sie brauchen sich nichts mehr zu beweisen.

Älter zu werden fällt nur denjenigen schwer, die sich ausschließlich in ihrem Glanz sonnen, ihn aber nicht verschenken. Wer sich dem Leben hingibt, ergibt sich auch mit Leichtigkeit dem Tod.

Aszendenten-Check
Wie ergänzen sich Sonne und Aszendent? Das Sonnenzeichen Stier und das Aszendentenzeichen Löwe kommen – auf die Menschen übertragen – schlecht miteinander aus. Der Stiergeborene will *haben* und findet Glück in materieller Sicherheit. Der Löwe jedoch ist erfüllt, wenn er *geben* kann. Es sind also zwei unterschiedliche Bewegungen, nämlich »zu einem hin« und »von einem weg«. Im Leben geht es darum, daraus eine harmonische Abfolge zu formen.

Aszendent Jungfrau – Ein Prophet werden

Aszendentenstärken Zuverlässig, logisch, nachdenklich, planend, vorausschauend, visionär
Aszendentenschwächen Pessimistisch, kritisch

Alles im Kosmos folgt einer Ordnung, entsteht, wächst, vergeht und fließt in einen neuen Zyklus ein. Menschen mit dem Aszendenten Jungfrau sind mit dieser Ordnung in spezieller Weise verbunden. Solche Nähe macht sie empfänglich für besondere Einsichten und Visionen und schenkt ihnen die Fähigkeit, Erfahrungen oder Botschaften – ähnlich dem Götterboten Hermes/Merkur – auf die Erde und unter ihre Mitmenschen zu bringen. Auch wenn sie sich dessen meist selbst nicht bewusst sind, sagen und tun sie zuweilen Dinge, die sich nur so erklären lassen. Menschen mit Aszendent Jungfrau warnen zum Beispiel vor Gefahren oder benennen Risiken. Das führt manchmal zu einer ausgesprochenen Medialität. Ich kenne viele Medien, Kartenleger oder Astrologen mit Jungfrauaszendent. Bei ihnen paart sich das Wissen um eine natürliche Ordnung mit höheren Eingebungen oder Inspirationen. Sie erkennen die Gesetze des physischen Daseins, wissen also, wie die »Räder des Lebens« ineinandergreifen, und bereichern diese darüber hinaus mit Ideen, die ihnen zufallen. Auch viele Psychologen, Therapeuten, Lehrer, Sozialarbeiter, Ärzte und Krankenpfleger mit dieser astrologischen Kombination bestäti-

gen, dass sie jenseits von Wissen und Erfahrung über Quellen verfügen, die ihnen bei ihrer Arbeit von unschätzbarem Nutzen sind.
Grundsätzlich verfügt jeder Mensch mit Aszendent Jungfrau über einen Zugang und »bedient« damit sich selbst und seine Mitmenschen, erteilt Ratschläge, verweist auf Gefahren und Risiken, spricht Warnungen aus. Wenn man allerdings den Himmel als Ziel aus den Augen verliert und sich nur noch am irdischen Alltag orientiert, läuft man Gefahr, alles und jeden zu »benoten«. Daraus wird dann schnell Schwarzmalerei und Defätismus. Es gibt Menschen mit diesem Aszendenten, die die Angewohnheit haben, jeden Impuls mit dem typischen Aszendent-Jungfrau-Satz »Das klappt sowieso nie!« im Keim zu ersticken. Dass sie dann oft auch noch recht behalten, macht das Ganze nur noch schlimmer.
Fraglos befähigt dieser Aszendent zum »zweiten Gesicht«. Man vermag Phänomene zu »sehen«, die anderen verborgen bleiben, und besitzt »magische Flügel«, die in die Zukunft tragen. Dieses Wissen aber gilt es behutsam und verantwortlich einzusetzen. Sonst richtet es mehr Unheil an, als es Gutes bringt.
Im Alter wird die Kenntnis dessen, was auf die Jungfrauaszendenten zukommt, immer größer, bis sie wissen, was sie erwartet, wenn sie einmal hinübergegangen sind in ein neues Leben.

Aszendenten-Check
Wie ergänzen sich Sonne und Aszendent? Das Sonnenzeichen Stier und das Aszendentenzeichen Jungfrau gehören beide dem Erdelement an und ergänzen sich daher bestens: Man ist ein praktischer, realistischer Mensch, der sein Augenmerk auf das richtet, was sein Leben bequem und sicher macht. Was dabei zu kurz kommen könnte, wenn man nicht von sich aus darauf achtet, sind Gefühle und Intuition, alles Bereiche, die sich nicht so ohne weiteres »erschaffen« lassen. Man sollte daher den Kontakt mit »Wassermenschen« suchen (Krebs, Skorpion und Fische).

Aszendent Waage – Die Liebe finden
Aszendentenstärken Anmutig, charmant, stilvoll, liebesfähig
Aszendentenschwächen Abhängig, unecht

Menschen mit dem Aszendenten Waage sind die personifizierte Harmonie und verbreiten eine friedliche, angenehme Stimmung. Das Sein erleben sie dual, das heißt stets aus doppelter Perspektive. Bezieht jemand eine bestimmte Position, dann übernehmen sie beinah automatisch die entgegengesetzte. Dazu benötigen sie noch nicht mal ein Gegenüber. Auch in sich selbst geht es stetig hin und her, als gäbe es dort zwei sich widersprechende Parts und Perspektiven. So wie sie die jeweilige Gegenposition vertreten, können sie aber auch dann, wenn derartige Polaritäten schon gegeben sind, den gemeinsamen Nenner finden. Sie verbinden, vermitteln, gleichen aus, führen zusammen.

Menschen mit Waageaszendent werden in solche Familien und Ehen hineingeboren, in denen der Hausfrieden »schief« hängt. Wenn sich ein Paar streitet oder gar an eine Trennung denkt, kommt ein Kind mit Aszendent Waage, um in einem vielleicht letzten Versuch die Ehe zu kitten. Solche Kinder sind regelrechte Genies darin, bei Streithähnen Frieden zu stiften. Sie bringen einen »Sternenstaub der Versöhnung« auf die Erde, mit dem sich eine Trennung oft genug hinausschieben lässt. Diese Gabe haben auch Menschen, die unter dem Sternzeichen Waage geboren werden. Sie sind sogar noch erfolgreicher darin, Ehen zu retten. Wer mit dem Aszendent Waage geboren wird, so habe ich mehrfach festgestellt, schiebt die Trennung eher auf, als dass er sie für immer verhindern könnte.

Die Bedeutung des Aszendenten liegt in der Betonung der Eigenheit oder Persönlichkeit, die einen Menschen ausmacht. Er ist Motor für das Bestreben, sich aus dem Sog der Familie und des Clans zu befreien, um ein eigenes Leben zu führen. Darum muss er irgendwann sein »Nest« verlassen und sein verbindendes Wirken aufgeben. Dennoch erleben Menschen mit dem Aszendenten Waage es dann doch als eine innere Niederlage, wenn sich ihre

Eltern trennen. Sich die Logik klarzumachen, die dem Aszendenten innewohnt, vermag dann durchaus eine Hilfe zu sein.

Auch im Erwachsenenalter bleiben Menschen mit Waageaszendent der Liebe verpflichtet. Sie verschenken sie großzügig, wenn sie sie gefunden haben, und sind voller Inbrunst auf der Suche nach ihr, wenn sie ihnen gerade »entwischt« ist. Eigentlich jedoch ist ihr ganzes Leben ein Warten auf die ganz große Liebe. Warum bloß, wird man fragen, finden Menschen, die für die Liebe geboren sind, diesen einen und einzigen Partner so selten?

Die Antwort lautet: Es gibt ihn so nicht. Ein Partner, der Liebe pur ausstrahlt, nach Liebe riecht, nach Liebe schmeckt, ein Partner voller innerer und äußerer Schönheit, der göttlich lieben, sich geistreich unterhalten, sich vollständig hingeben kann und dennoch immer er selbst bleibt: Wo, bitte, findet sich solch ein Mann, solch eine Frau? Es ist der enorme Anspruch, der Menschen mit diesem Aszendenten im Wege steht. Er ist schlicht und einfach *zu* hoch. Die große Liebe der Waageaszendenten findet keine Erfüllung bei einem Wesen aus Fleisch und Blut. Erst wenn ihre Liebe zum Geschenk an das Leben wird – an ein Gedicht, an Musik, einen Baum –, fühlen sie sich am Ziel. Dann können sie jemanden auch aus ganzem Herzen lieben, weil diese Liebe nicht mehr so groß sein muss.

Vor allem im Alter strahlen Menschen mit Aszendent Waage eine Liebe aus, die auf niemand Bestimmtes mehr ausgerichtet ist und dennoch jedem zukommt. Dann wird auch irgendwann der Tod ein Teil des Lebens und verbindet sich mit ihm.

Aszendenten-Check
Wie ergänzen sich Sonne und Aszendent? Das Sonnenzeichen Stier und das Aszendentenzeichen Waage werden beide von der Venus regiert, wecken daher beide Sinnlichkeit und Liebe. Darüber hinaus bekommt dem eher statischen Stieranteil etwas waagehafte Beweglichkeit recht gut.

Aszendent Skorpion – Unsterblich werden

Aszendentenstärken Furchtlos, unergründlich, bewahrend, leidenschaftlich
Aszendentenschwächen Misstrauisch, starr

Von dem großen Propheten Mohammed stammt der Satz: »Stirb, bevor du stirbst.« Und der Mystiker Jakob Böhme hat gesagt: »Wer nicht stirbt, bevor er stirbt, der verdirbt, wenn er stirbt!« So oder ähnlich lautet auch der Leib-und-Magen-Spruch von Menschen, die unter dem aufgehenden Skorpionzeichen geboren wurden. Das bedeutet in gar keiner Weise, dass sie real gefährdeter wären als andere. Im Gegenteil, Menschen mit dem Skorpion als Aszendent werden älter als die meisten und scheinen dabei noch robuster, also gesünder zu bleiben als ihre Zeitgenossen. Es geht auch beileibe nicht immer gleich um Leben und Tod. Diese beiden Wörter stehen nur symbolisch für das duale Lebensspiel, dem alles folgt: Kommen und Gehen, Begegnen und Trennen, Halten und Loslassen, Tag und Nacht, Plus und Minus. Jeder Mensch hat sich dieser Dualität zu stellen. Aber wer unter dem aufsteigenden Skorpionzeichen geboren wurde, ist ihr besonders ausgeliefert. Er muss in diesem »Fach« seinen Meister machen.

Ein wichtiger »Prüfungsstoff« auf dem Weg dorthin lautet, dem Schein zu misstrauen. Schon als Kinder entwickeln unter diesem Zeichen Geborene einen Blick für alles Falsche, Seichte und Aufgesetzte und schneiden notfalls tief ins »Fleisch«, wenn sie einen faulen Herd vermuten. Wozu? Weil Schwäche, Falschheit und Unaufrichtigkeit keinen Bestand haben vor dem Tod. Nur echte und starke »Materialien« können der Vergänglichkeit trotzen. Das bezieht sich auch auf ihre Beziehungen. Jeden potenziellen Partner, dem sie begegnen, unterziehen diese Aszendenten bewusst oder unbewusst einem sofortigen Check, um herauszufinden, ob der andere ihrem Wunschpartner entspricht, ob sie mit ihm – symbolisch gesagt – »dem Tod trotzen« können.

Kinder gehören natürlich zum Lebensskript dieser Menschen. Sie stehen sogar ganz oben in der Karmaliste. Von hundert Skorpionaszendenten bekommen 99 mindestens ein Kind – weil Kinder die sicherste Waffe gegen den Tod sind. In ihnen lebt es doch weiter, das Blut, das Erbe, der Name, die Erinnerung. Dass diese Regel nicht für jeden mit Aszendent Skorpion zutrifft, liegt lediglich daran, dass ein Horoskop eben nicht nur aus dem Aszendenten besteht.

Der Aszendent Skorpion verbindet ebenso mit den Ahnen. Es fällt einem daher immer auch die Aufgabe zu, sich um die Vergangenheit zu kümmern, sie in Ehren zu halten und sie – wenn nötig – in ein anderes Licht zu rücken, um (Karma)schulden einzulösen. Aber es existiert auch ein anderer Weg der Unsterblichkeit. Ich weiß von Menschen mit diesem Aszendenten, die keinerlei Angst mehr vor dem Leben haben und damit auch nicht vor dem Tod. Sie wissen, dass es immer weitergeht. Sie nehmen jeden Moment ihres Daseins als das Einzige, was zählt. Insofern sind sie unsterblich und ewig geworden. Diese Gnade erwächst aus der Hingabe an das Leben von Moment zu Moment, wie es im Aszendenten Skorpion angelegt ist. Wenn sich diese Energie aufrichtet, nach oben steigt, wird sie frei von jeglicher Schwere. Die Astrologie schuf dafür ein wunderbares Bild: Sie erhob den erlösten Skorpion zum weisen Adler. Befreit aus der Enge des stacheligen Skorpionpanzers entweicht dieser Vogel und hebt sich in den Himmel der Unendlichkeit.

Von Moment zu Moment leben bedeutet aber auch, jeden Augenblick loszulassen – auch dann, wenn es dereinst hinübergeht in eine andere Welt.

Aszendenten-Check
Wie ergänzen sich Sonne und Aszendent? Sonnen- und Aszendentenzeichen sind sehr verschieden, regelrecht gegensätzlich, was zu Spannungen führen kann. Aber Probleme machen nicht nur zu schaffen, sondern sie bringen auch weiter – und das ist umso wichtiger, je älter man wird. Am schwierigsten ist es, damit fertigzuwerden, dass man sowohl eine tiefe Bindung wünscht – also extrem *du*orientiert ist – als auch ganz gern sich selbst in den Mittelpunkt stellt.

Aszendent Schütze – Seelenheiler werden
Aszendentenstärken Optimistisch, aufgeschlossen, mitreißend, jovial, beseelend
Aszendentenschwächen Unrealistisch, leichtgläubig

Eine Seele, die sich inkarniert, während sich im Osten das Tierkreiszeichen Schütze in den Himmel schiebt, wird immer von Trost und Hoffnung begleitet. Wer unter diesem Aszendenten geboren wird, dem haften wundersame Fähigkeiten an: Er vermag Wunden zu heilen, die die Zeit geschlagen hat, und kann – Engeln oder kleinen Göttern gleich – dem Schicksal Schönheit und Würde verleihen.

Noch bei jedem Menschen mit dieser Konstellation, der in meine Praxis kam, gab es in der Vergangenheit ein Unglück, das nach menschlichem Ermessen nicht hätte geschehen müssen. Angehörige starben beispielsweise bei einem unnötigen Einsatz im Krieg oder wegen fehlender oder falscher medizinischer Hilfe. Solche Tragödien werden in den Familien nicht ad acta gelegt, sondern an spätere Kinder weitergegeben, die dann mit einem Aszendenten Schütze auf die Welt kommen. Diese nehmen sich auf ihre Weise des »Versagens« vergangener Zeiten an und versuchen, das Schicksal von damals durch ihre Lebensführung zu verändern. Sie wollen verhindern, dass es noch einmal so schrecklich zuschlägt. Niemand bittet diese Menschen um Hilfe oder gar um Vergeltung. Nur die wenigsten von ihnen werden sich jemals bewusst darüber, was sie eigentlich tun. Und dennoch macht sich ein Anteil in ihnen von Kindesbeinen an auf den Weg, in das Schicksal einzugreifen. Sie kommen auf die Welt, öffnen die Augen und würden, könnten sie sprechen, sagen: »Jetzt komme ich und vertreibe eure Sorgen und bringe Hoffnung. Jetzt wird alles gut.«

Menschen mit diesem Aszendenten sind häufig noch mit achtzig fit und treiben gar Sport. Sie bleiben auch im Kopf rege. Zuweilen fällt ihnen die große Gnade zu, bewusst und klaren Geistes die Schwelle des Todes zu übertreten – wissend, dass dies nicht das Ende ist.

Aszendenten-Check
Wie ergänzen sich Sonne und Aszendent? Mit diesem Aszendenten und der Sonne verfügt man über beides, nämlich Inspiration und einen gesunden Menschenverstand. Aber man braucht Ziele, die begeistern, und Menschen, die man begeistern kann. Zuweilen gerät man in einen Konflikt zwischen der ausgeprägten materiellen (vom Stier herrührenden) und genauso starken ideellen (schützebedingten) Seite. Aber das macht letzten Endes nur weise.

Aszendent Steinbock – Wahrhaftig werden

Aszendentenstärken Sachlich, objektiv, gerecht, zäh, erfahren
Aszendentenschwächen Hart, kalt

Das Sternzeichen Steinbock regiert auf der nördlichen Halbkugel der Erde die kalte Jahreszeit. Daher begleitet auch jeden, der unter diesem Aszendenten auf die Welt kommt, ein Hauch winterlicher Stimmung – obwohl ihre Geburt schon in das Ende des Winters fällt. Damit verbunden ist eine große Widerstandsfähigkeit, auch wenn die nicht immer gleich vom ersten Atemzug an erkennbar ist. Menschen mit Steinbockaszendent kommen sogar öfter zart besaitet, zuweilen sogar mit einer Schwäche auf die Welt. Aber das Leben konfrontiert sie von Anfang an mit Härtetests nach dem Motto »Gelobt sei, was hart macht« bzw. »Du schaffst es, oder du hast hier nichts verloren«. Dieser rauhe Empfang verfolgt nur den einen Zweck: Widerstandskraft zu wecken, abzuhärten und einzustimmen auf ein Leben, das viel von einem verlangt. Das Neugeborene bekommt aber auch bedeutsame Unterstützung: Dieser Mensch wird Gipfel stürmen. Etwas Besonderes leisten. Ruhm und Ehren erlangen. Er wird kein Schwächling werden, keine »Schande« bringen, kein x-beliebiges Rädchen im Getriebe des Lebens sein. Wenn ein Kind mit Aszendent Steinbock das Licht der Welt erblickt, überkommen Familie und Sippe großer Stolz. Aber es zieht zugleich Kühle ein. Diese Kinder werden weder

Wärme noch Gemütlichkeit verbreiten. Mit ihnen kann man auch nicht stundenlang zärtlich schmusen. Lässt man mal fünf gerade sein, fühlt man sich in ihrer Nähe sogar ein wenig schuldig.

Später sind sich Menschen mit Aszendent Steinbock ihrer selbst sicher und leben nach festen Prinzipien und Regeln. Durch ihre Klarheit gehen sie ihrem Umfeld oft als Beispiel voran, geben Orientierung und stehen mit gutem Rat bereit. Sie beeindrucken vor allem durch ihre Standfestigkeit, weswegen sie in Notsituationen gern aufgesucht werden. Ihre Geradlinigkeit und Sachlichkeit scheinen sie unanfechtbar zu machen. Und doch können gerade diese Eigenschaften sie ins Schleudern bringen. Denn wenn man zu sehr an der Materie haftet, wird man mit der Zeit hart und spröde.

Falls man meint, die Bestimmung bestehe ausschließlich darin, sich gegen die Wogen des Lebens zu stemmen, um erfolgreich zu sein, nimmt mit fortschreitendem Alter der Körper eine verspannte Haltung ein. Vor allem Rücken und Knie sind davon betroffen. Wenn man hingegen sein Handeln auf der Erde als vorübergehend betrachtet und die Ausrichtung nach oben nicht verliert, erfährt man durch kosmische Fürsorge den Trost, den man für sein hartes Dasein braucht. Vor allem aber erfährt man sein Leben als getragen von Sinn und Bestimmung. Von solchen Menschen geht dann tatsächlich ein inneres Leuchten aus, das anderen Kraft und Sicherheit verleiht.

Im Alter wird alles leicht. Die Unbeschwertheit vermischt sich mit Weisheit und schenkt den Betreffenden glückliche Jahre, so dass sie, kommt dereinst der Tod, leichten Fußes in die andere Welt hinübergehen können.

Aszendenten-Check
Wie ergänzen sich Sonne und Aszendent? Das Sonnenzeichen Stier und das Aszendentenzeichen Steinbock gehören beide dem Erdelement an, ergänzen sich daher bestens und prägen einen praktischen, realistischen Menschen, der seinen Fokus überwiegend auf das richtet, was sein Leben bequem und sicher macht. Was dabei

eventuell zu kurz kommen könnte, sind Gefühl und Intuition. Es ist daher ratsam, den Kontakt mit »Wassermenschen« zu suchen (Krebs, Skorpion und Fische).

Aszendent Wassermann – Einmalig werden
Aszendentenstärken Human, frei, unkonventionell, erfinderisch, individualistisch
Aszendentenschwächen Exzentrisch, nervös

Ein Mensch, der auf die Welt kommt, während am östlichen Horizont das Sternzeichen Wassermann aufgeht, ist voller Rätsel: Wer ist er? Woher stammt er? In aller Regel gleicht er weder der Mutter noch dem Vater, so dass zumindest bei Letzterem früh Zweifel an seiner Vaterschaft aufsteigen. Aber auch die Mutter blickt skeptisch auf ihr Kind und fragt sich im Stillen, ob es womöglich nach der Geburt vertauscht wurde, so wenig ähnelt es ihr oder ihrem Mann. Zunächst verwirren äußerliche Merkmale wie Nase, Augen und Haarfarbe. Später kommen Irritationen über sein Wesen und sein Verhalten dazu. Beinah befremdlicher ist jedoch die Tatsache, dass der Nachwuchs sein Anderssein anscheinend auch noch kultiviert. Er widersetzt sich allen Erwartungen und wehrt sich vehement dagegen, in irgendein Schema gepresst zu werden.

Was Menschen mit einem Wassermannaszendenten nicht ausstehen können, sind Gesetze und Regeln a priori. Sie hassen alles, was so ist, weil es so ist oder so zu sein hat. Für sie zählen Einsicht, Vernunft und Verstehen. Man könnte auch sagen, sie folgen einer Moral, die schon vor ihrer Geburt in ihr Hirn gepflanzt wurde.

Menschen mit Wassermannaszendent stehen von Kindheit an mit Autoritäten auf dem Kriegsfuß. Heftige Auseinandersetzungen während der Pubertät bleiben bei diesem ausgeprägt individualistischen Charakter kaum aus. Dass es solche Kinder früh aus dem Haus zieht, ist nur konsequent. Man lasse sie gehen. Sie finden ihren Weg hinaus – und auch wieder einen zurück.

Im Erwachsenenalter kommen auch diese lebhaften Wesen etwas zur Ruhe. Sie dürfen aufatmen. Allerdings sollten Sie sich tunlichst ersparen, in einem allzu autoritären und hierarchisch gegliederten Umfeld zu arbeiten und zu leben. Das klappt mit diesem Aszendenten nicht. Passend sind Berufe mit kreativem Potenzial und möglichst offenen Arbeitszeiten. Vierzehn Stunden als Beleuchter beim Film, wovon nur acht Stunden bezahlt werden, machen zufriedener denn verbriefte acht Stunden als Beamter auf Lebenszeit. Menschen mit Aszendent Wassermann werden auch aus einem ersten Kuss nie gleich ein »Immer und ewig« machen. Sie sind ausgesprochen freiheitsliebende Wesen, die sich erst dann binden wollen, wenn sie viel Erfahrung gesammelt haben.

Das Alter überrascht: Sofern sie ihre Individualität und Besonderheit gelebt haben, erwartet sie ein vergnüglicher Lebensabend, an dem sie ihrem Bedürfnis nach Freiheit und Unabhängigkeit unvermindert nachgehen können. Haben sie sich jedoch diesen Drang »verkniffen«, können sie unter Umständen absurde Gewohnheiten entwickeln. Kommt dann der Tod, ist ihre Seele neugierig und gespannt, was dahinter beginnt.

Aszendenten-Check

Wie ergänzen sich Sonne und Aszendent? Ein Sonnenzeichen Stier und das Aszendentenzeichen Wassermann sind schwer unter einen Hut zu bringen. Um es ganz einfach zu sagen: Der Stieranteil will seine Ruhe, der Wassermann will möglichst viel erleben. Auch macht einen das Stiernaturell eher bewahrend. Der Wassermann wiederum weckt davon das genaue Gegenteil, nämlich Veränderung. Das kann wahnsinnig nervig, aber – bei genügend Kompromissbereitschaft und geistiger Aufgeschlossenheit – auch sehr anregend sein.

Aszendent Fische – Ein Mystiker werden

Aszendentenstärken Geheimnisvoll, intuitiv, sensibel, mitfühlend, mystisch
Aszendentenschwächen Unsicher, unrealistisch

»Tat twam asi«: Dieser Satz entstammt der indischen Philosophie und besagt, dass Objekt und Subjekt, Ich und Du, nicht getrennt, sondern eins sind. Der große Philosoph Arthur Schopenhauer (1788–1860) bezieht sich auf diesen Satz, wenn er über das Mitleid oder Mitgefühl philosophiert. Er sieht die metaphysische Grundlage des Mitgefühls darin, dass wir im Grunde alle eins sind. Wir selbst sind es also, die im anderen leiden. Und wir helfen daher der eigenen Person, wenn wir praktisches Mitleid üben.
Tiere haben kein Mitgefühl oder höchstens Spuren davon. Kleinkinder können unendlich grausam sein und zeigen in aller Regel lange nichts von diesem Mitleiden, das Heranwachsende und Erwachsene zuweilen überfällt. Menschen mit dem Aszendenten Fische sind besonders davon betroffen. Ihr Herz krampft sich zusammen, wenn sie an einem Bettler vorbeigehen. Es kann ihnen die Tränen in die Augen treiben, wenn sie andere leiden sehen. Wann immer sie jemand braucht, sind sie zur Stelle. Selbstverständlich. Sich ständig ausnutzen zu lassen geht natürlich auch nicht. Manche Menschen mit Fischeaszendent verzweifeln an ihrer Empathie, weil sie von dem, was sie geben, nie etwas zurückerhalten. Es kommt sogar nicht selten vor, dass jemand mit diesem Aszendenten regelrecht hart und abweisend wird. Aber das ist nur ein Schutz gegen den weichen Kern und schadet letztlich dem Karma. Kinder mit Fischeaszendent sind zarte, sensible, sehr »durchlässige« Wesen, die die Gefühle anderer unmittelbar aufnehmen. Umgekehrt erkennt man sofort, wie es ihnen geht. Sind sie verstimmt, leiden sie, und zwar still und leise. Meist ist die Ursache ihres Kummers die Familie, für deren Schwierigkeiten sie sich »zuständig« fühlen. Die Pubertät kann schrecklich sein. Mit allen Mitteln wird um Anerkennung und Liebe gerungen, und man erliegt doch immer wieder dem »Wasser«, verliert sich und

geht unter. Glück hat, wer in seiner Familie mit Toleranz und Verständnis aufwächst. Das Unglück wiederum häuft sich zu einem Berg, wenn einem auch noch die Eltern vorwerfen, nicht so zu funktionieren wie andere. Das setzt sich im Erwachsenenalter fort. Nur sind es jetzt Chefs und Kollegen, von denen man abhängig ist. Menschen mit Fischeaszendent werden es sicher leichter haben, wenn sie in künstlerischen oder sozialen Bereichen arbeiten können. Dennoch sind es letztlich die Mitmenschen, die einem das Leben leichter oder schwerer machen, egal, ob man Krankenschwester oder Verkäuferin in einem Supermarkt ist.

Das Alter bringt hier die große Erleichterung. Dann endlich können die Betreffenden loslassen und müssen niemandem mehr was beweisen. Bis dahin haben sie dann auch längst herausgefunden, dass Alleinsein nicht Einsamkeit bedeutet, sondern sich dabei viel eher das Gefühl einstellt, »all-eins« zu sein. Das Loslassen schafft zudem Raum für neue Interessen oder versteckte Fähigkeiten. Vielleicht ergibt sich ein künstlerisches Hobby. Ich kenne Frauen, die noch mit siebzig Astrologie oder alternative Heilverfahren studieren.

Je älter sie werden, umso stiller und zurückgezogener leben Menschen mit diesem Aszendenten – vorausgesetzt, sie sind im Frieden mit ihrem Karma. So können sie dann auch irgendwann auf dem Strom des Lebens hinübertreiben in die Anderswelt.

Aszendenten-Check
Wie ergänzen sich Sonne und Aszendent? Das Sonnenzeichen Stier und das Aszendentenzeichen Fische ergänzen sich, ja, unterstützen sich regelrecht. Denn der Stier verbindet mit dem Element Erde, macht also praktisch und zuverlässig. Die Fische wiederum schaffen einen Zugang in die Welt des Wassers, ein Symbol für Seelisches. So wird die eher nüchterne Art des Stiers durch Tiefe und Intuition bereichert.

Der Mond – Die Welt der Gefühle

Die Welt, die monden ist
Vergiss, vergiss, und lass uns jetzt nur dies
erleben, wie die Sterne durch geklärten
Nachthimmel dringen, wie der Mond die Gärten
voll übersteigt. Wir fühlten längst schon, wie's
spiegelnder wird im Dunkeln, wie ein Schein
entsteht, ein weißer Schatten in dem Glanz
der Dunkelheit. Nun aber lass uns ganz
hinübertreten in die Welt hinein, die monden ist.
Rainer Maria Rilke (1875–1926)

Die Bedeutung des Mondes

In einem Schöpfungsmythos heißt es, der Mond sei ein Kind der Erde. Ein anderer beschreibt ihn als Teil unseres Planeten, den dieser aus sich herausgerissen und in den Himmel geschleudert habe, um damit Raum für das Wasser der großen Ozeane zu schaffen. Und dieses Wasser brachte der Erde Fruchtbarkeit. Zu letzterer Geschichte würde passen, dass das Volumen des Mondes, großzügig bemessen, etwa so groß ist wie der Raum, den alle Meere zusammen einnehmen.

Unter den Gestirnen am nächtlichen Himmel ist der Mond uns am nächsten und am vertrautesten. Er nimmt der Nacht ihre tiefe Dunkelheit und schenkt damit Trost und Hoffnung. Er ist uns so vertraut, dass wir in ihm menschliche Umrisse zu erkennen meinen: Seine Schatten bilden ein Gesicht, wir sehen eine alte Frau oder den Mann im Mond mit einem Reisigbündel auf dem Rücken. Er ist Gegenstand von Traumwelten. Wir besingen ihn in Gedichten und kraxeln mit Münchhausen an der Bohne zu ihm hoch oder umkreisen ihn mit Jules Verne.

Blicken wir zum Mond, erfahren wir Wandel und Veränderung: Täglich ist er ein Stück größer oder kleiner und geht früher oder später auf und unter. Manchmal ist er überhaupt nicht zu sehen, und dann wieder scheint er so hell, dass die Nacht fast zum Tag wird. Nimmt er zu, taucht er schon am Nachmittag als bleiches, fast durchsichtig erscheinendes Gebilde am Himmel auf, das von Stunde zu Stunde kräftiger wird, bis es sich hellweiß vom blauen Himmel abhebt. Nimmt er ab, bleibt er noch lange am Tageshimmel wie ein Phantom, das immer blasser und formloser wird, um sich schließlich wie ein Wolkengespinst in nichts aufzulösen. Das Geheimnisvolle, das Veränderliche, das Tröstende und das Ängstigende, das sind die unmittelbaren Begleiter des Mondes.

Als Gegenspieler zur brennenden Sonne bringt der Mond erfrischende Kühle. Und das ist eine wichtige Qualität. Vor allem in der südlichen Hemisphäre, besonders in den unendlichen Weiten der Wüsten, galt der Mond schon immer als Manifestation von Fruchtbarkeit, und das einfach deswegen, weil während eines Großteils des Jahres allein die Nacht die Kühle bringt, die Mensch und Natur benötigen, um zu leben und zu überleben. Die sich füllende und wieder leerende Schale am Himmel ist dort ein Symbol für Quelle und Wasser und damit für die wichtigsten »Schätze« der Wüste. Dass ein Land wie Tunesien, dessen Gebiet sich zu einem großen Teil über die Sahara erstreckt, den Mond in seinem Wappen trägt und ihm damit ein überragendes Denkmal setzt, ist weder ein Wunder noch ein Zufall.

Vom Wasser und Fruchtbarkeit bringenden Mond ist es nur ein kleiner Schritt zum größten Mysterium des Lebens, nämlich zu Schwangerschaft und Geburt. Die Astrologie verbindet den Mond mit dem Urweiblichen – von der Empfängnis über die Schwangerschaft und Geburt bis hin zum mütterlichen Stillen und dem Muttersein selbst. Die offensichtlichste Analogie zwischen Frau und Mond ist natürlich, dass sein Lauf von einem Vollmond bis zum nächsten genauso lange dauert wie ein weiblicher Zyklus, nämlich vier Wochen.

In allen Mythen, Geschichten und Erzählungen über den Mond wird er als weiblich, die Sonne hingegen als männlich gesehen. In den romanischen Sprachen setzt sich diese Tradition fort: So heißen Sonne und Mond im Italienischen *la luna* und *il sole*, im Französischen *la lune* und *le soleil*. Warum der Mond im Deutschen männlich, die Sonne hingegen weiblich ist, mag ein zufälliger Dreher sein. Zu vermuten ist allerdings, diese Zuordnung könnte bedeuten, dass in unserer Sprache ein Wechsel geschlechtsspezifischer Prägung möglich ist – mit allen Vor- und sämtlichen Nachteilen.

Der Mond also – gemeint jedoch ist die »Möndin« – stellt die Verkörperung alles Weiblichen dar. Dass dies automatisch nur auf Frauen zutreffen muss, ist damit keineswegs gesagt. Warum sollte ein Mann nicht »weiblich« sein können – und umgekehrt eine Frau nicht auch »männlich«? In manchen »Mondländern« jedenfalls ist die überkommene Fixierung der Geschlechterrollen zum Teil unerträglich: Es ist für die Gesellschaft sicher wichtig, dass Frauen als potenziellen Müttern Achtung entgegengebracht wird; aber es ist *ver*achtend, ihnen darüber hinaus keine Aufgaben zuzugestehen. Dass sie, wenn sie keine Kinder mehr bekommen können, nicht viel mehr »wert« sein sollen als eine Ziege oder ein Kamel, verletzt schlichtweg die Menschenwürde.

Zurück zum Mond: Er empfängt, geht schwanger, gebärt, nährt, hegt und pflegt. Genau das Gleiche »macht« er in unserem Horoskop, also mit uns: In dem Tierkreiszeichen, in dem er sich bei der Geburt gerade befindet, ist sein Standort, sein Zuhause. Dort will und muss er seiner Bestimmung nachkommen und wird im Laufe eines menschlichen Lebens empfangen, schwanger werden, gebären, nähren, hegen und pflegen.

Darin unterscheidet sich der Mond von der Sonne, die Energie und Vitalität in uns entzündet und damit Lebensfreude und Schaffenskraft stiftet. Der Mond empfängt. Er bekommt die Kraft und das Licht der Sonne, um zu leuchten, so wie in der traditionellen Rollenverteilung die Frau des Schutzes und der Versorgung durch den Mann bedarf. Aber der Schluss, Mondlicht wäre nur reflektierter Sonnenschein, ist falsch. Die Astrologie weiß von ureigenen Kräften des Erdtrabanten. Er transformiert Sonnenenergie.

Um sich wenigstens etwas von dieser Umgestaltungskraft vorstellen zu können, sei auf den Vorgang von Zeugung und Schwangerschaft verwiesen: Der Same wäre dann der »Beitrag« der Sonne (des Mannes). Dass daraus schließlich ein menschliches Wesen wird, wäre wiederum die »Zugabe« des Mondes (der Frau). Bei der Sonne fragt der Astrologe: »Was kann ich? Wo ist mein größtes Potenzial?« Beim Mond fragt er: »Wo bin ich zu Hause? Wo fühle ich mich wohl? Wie erlebe und fühle ich? Wo will ich ›gebären und fruchtbar werden‹?« Und das ist natürlich in keiner Weise »nur« aufs Kinderkriegen beschränkt.

Der Mond als sich wandelnder himmlischer Geist war aber auch schon immer ein Symbol für das Innenleben. Verweist uns die Sonne auf unsere Fassade, die äußere Erscheinung, mit der wir uns der Welt präsentieren und von der wir uns wünschen, dass uns andere auch so erleben, verrät uns der Mond unsere Empfindungen, unsere Gefühle. Darüber sprechen wir nicht mit jedem, wir offenbaren sie nur den Menschen, die uns nahe sind und denen wir vertrauen. Das Sternzeichen, der Stand der Sonne, beleuchtet unser öffentliches Sein. Der Mond hingegen spielt im zwischenmenschlichen und damit eher im privaten Sein eine große Rolle.

Aber es geht noch tiefer, wird noch geheimnisvoller: Der Mond ist nicht nur zuständig für unser Innenleben. Er blickt auch in einem übergeordneten Sinn »dahinter«: Der Mond – die »Möndin« – öffnet ein Fenster in eine andere Dimension. In unserer westlichen Zivilisation ist der Zugang meist nur wenigen begnadeten Seelen möglich. Oft sind das Künstler. Ein wunderbares Beispiel ist das Gedicht von Rainer Maria Rilke über den Mond, das diesem Kapitel als Einstimmung vorangestellt ist. Aber auch während eines Sommeraufenthalts in Italien oder Griechenland lässt sich etwas vom Mythos Frau Lunas erahnen, dann nämlich, wenn sich wie aus dem Nichts heraus am helllichten Tag ein Geist am Himmel offenbart, der sehr viel später erst zum Mond wird. Noch viel deutlicher aber ist es in der Wüste, der Urheimat der Astrologie. Dort ist der Trabant kein fremdes Gestirn, sondern eine Göttin, die sich am Himmel zeigt und einen Türspalt offen lässt für diejenigen, die bereit sind, hinüberzuschauen. Der Mond verkörpert auch die heilige Schale der Taufe und die Einweihung in die Geheimnisse des Seins. Dort, wo er im Horoskop steht, findet sich die Gnade, an übersinnlichen Erfahrungen teilzuhaben. Er ist eine Pforte in das Reich der Mystik und Spiritualität. Der Mond führt zu Gott, nicht unser Zentralgestirn.

Frauen sind dem astrologischen Mond näher als ihrer Sonne. Sie müssten sich daher eigentlich auch eher an ihrem Mond- als an ihrem Sternzeichen orientieren. Es ist aber so, dass sich die gängige Astrologie an der Sonne und damit am Männlichen ausrichtet: Ein Sonnen- oder Sternzeichenhoroskop findet man beinah in jeder Zeitung, das Mondzeichenhoroskop hingegen in keiner einzigen.
Je mehr eine Frau allerdings aus ihrer klassischen Rolle einer Mutter und Hausfrau herauswächst und »ihren Mann steht«, desto stärker wird sie auch ihre Sonne leben. Allerdings wäre es völlig falsch, wenn sie den Mond dann unberücksichtigt ließe. Eine bewusste und emanzipierte Frau schöpft aus beiden: Führungsaufgaben, die von Männern grundsätzlich hierarchisch gelöst werden, packen Frauen anders an. Sie lassen mehr Nähe (Mond) zu und motivieren ihre Mitarbeiter dadurch auf einer persönlicheren Ebene. Auch bei Entscheidungen sind Frauen, die sowohl Logik (Sonne) als auch Intuition (Mond) zulassen können, Männern überlegen, die sich nur nach der Sonne richten.
Während Frauen ihren Mond eher unmittelbar selbst leben, neigen Männer dazu, sich eine Frau zu suchen, die ihrem Mond entspricht. Insofern gelten die Aussagen über die einzelnen Mondpositionen für Männer nur indirekt, sie beschreiben sozusagen »Suchbilder«. Ein solches Bild bezieht sich dann auf die Frau, mit der man zusammenleben will und die möglicherweise sogar die Mutter gemeinsamer Kinder wird.

☾ Der Mond ist der Hausplanet oder das herrschende Gestirn des Krebszeichens und übernimmt auch das Element des Zeichens, also Wasser. Das astrologische Symbol besteht aus zwei Halbkreisen – dem Ursymbol des Seelischen.

Auf den folgenden Seiten finden sich die zentralen Eigenschaften der zwölf Mondpositionen. Bei der individuellen Anwendung ist stets zu berücksichtigen, dass die Mondposition immer auch durch die Häuser und durch Verbindungen mit verschiedenen Gestirnen eine andere Färbung bekommen und im Einzelfall auch einmal stark von den hier genannten Deutungen abweichen kann.

Ihre exakte Mondposition lässt sich wieder über die Homepage des Autors herunterladen (www.bauer-astro.de).

Der Stier und seine Mondzeichen

Der Mond im Zeichen Widder – Temperamentvoll

Mondstärken Unternehmungslust, Impulsivität, Direktheit, Selbständigkeit, Ichhaftigkeit, Suche nach eigenständiger Wirksphäre, intensives Phantasieleben, musikalische oder bildnerische Begabung, Ideenträger sein, Erspüren von Macht

Mondschwächen Aggressivität, Spannung, Ungeduld, Nervosität

Die Botschaft des Mondes lautet: »Das Leben ist ein immerwährender Kampf. Sei wachsam und bereit. Lass dich nicht unterkriegen, sondern versuch dir einen der vorderen Plätze im Leben zu ergattern. Das ist deine Bestimmung. Du brauchst zwar Pausen, in denen du auftanken kannst, aber zu lange darfst du dich nie dem aktiven Leben entziehen. Sonst könntest du zurückfallen und untergehen. Du brauchst Erfolgserlebnisse. Sie sind der Stoff, der dich am Leben hält. Sei immer auf der Hut!«

Mond-Check
Wie weiblich macht dieser Mond? Nicht besonders stark. Widder ist ein sehr männliches Zeichen.
Wie mütterlich macht dieser Mond? Man wird ein »Kumpel zum Pferdestehlen«, aber kein ausgeprägter Muttertyp.
Wie gefühlvoll macht dieser Mond? Er macht sehr feurig. Aber das bedeutet nicht, dass man in Gefühlen geradezu badet.
Wie intuitiv macht dieser Mond? Sehr sensibel und unglaublich phantasievoll.
Was braucht man mit diesem Mond? Wärme, Selbstbestätigung, Aufmerksamkeit, Anerkennung.
Für den Mann: Wie lautet das Suchbild »(Mond-)Frau«? Sie soll temperamentvoll, ichhaft, bestimmend, aktiv sein und darf ruhig auch den Ton angeben.

Der Mond im Zeichen Stier – Erdverbunden

Mondstärken Lebensfreude, Genuss, gefestigtes Gefühlsleben, Naturliebe, Musikalität, Sammelleidenschaft, Gutmütigkeit, Häuslichkeit, Geschmack
Mondschwächen Antriebsschwäche, Materialismus, Geiz, Gier

Die Botschaft des Mondes lautet: »Du bist ein Kind der Erde. Verbinde dich daher stets mit ihr. Hier findest du alles, was du brauchst. Lass die Erde auch deine Lehrmeisterin sein. Lerne von ihr. Beobachte, wie alles mit einem Samen – also klein – beginnt und mit der Zeit immer größer wird. Sei geduldig, und Größe und Reichtum sind dir sicher. Lerne auch von der Mutter Erde, dass alles einem Kreislauf folgt. Sei also bereit, zu bestimmten Zeiten loszulassen, um dann wieder neu empfangen zu können.«

Mond-Check
Wie weiblich macht dieser Mond? Sehr weiblich. Er ist beinah so etwas wie der Inbegriff von Weiblichkeit.

Wie mütterlich macht dieser Mond? Kinder und Familie gehören zu ihm.
Wie gefühlvoll macht dieser Mond? Er beschert ein sehr natürliches und selbstverständliches Gefühlsleben.
Wie intuitiv macht dieser Mond? Man fühlt sich den Geschöpfen der Natur sehr nah und bezieht aus der Natur Kraft und Intuition.
Was braucht man mit diesem Mond? Seinen Platz, ein Zuhause, Sicherheit, einen gewissen Wohlstand.
Für den Mann: Wie lautet das Suchbild »(Mond-)Frau«? Sie soll praktisch, sinnlich und fürsorglich sein.

Eine besondere Konstellation
Sie sind in der Neumondphase (zwei Tage vor bis zwei Tage nach Neumond) geboren. Sie sind damit ein besonderer Mensch. Denn in Ihnen ist eine große Sehnsucht nach inniger Nähe zu geliebten Menschen, die Sie in einer erfüllten Partnerschaft zu verwirklichen versuchen.

Der Mond im Zeichen Zwillinge – Heiter
Mondstärken Vielseitigkeit, Ausdrucksfähigkeit, Kontaktfreude, schriftstellerische Begabung, intuitives Erfassen anderer Menschen, gute Selbstdarstellung
Mondschwächen Oberflächlichkeit, Manipulation, Enttäuschungen, Zerrissenheit

Die Botschaft des Mondes lautet: »Du bist aus dem Element Luft geboren, leicht wie sie und grenzenlos. Das musst du dir als dein Lebensprogramm immer vor Augen halten: Niemand und nichts darf dich je einengen oder festhalten. Du wirst dich selbst binden und festsetzen, aber nie für immer und stets so, dass du jederzeit entweichen kannst. Deine Bestimmung ist, Menschen miteinander zu verbinden, ein Netz von Beziehungen zu erstellen. Unter Menschen fühlst du dich zu Hause.«

Mond-Check
Wie weiblich macht dieser Mond? Zwillinge ist ein männliches Zeichen und prägt entsprechend.
Wie mütterlich macht dieser Mond? Es ist absolut kein »Muttertyp« zu erwarten.
Wie gefühlvoll macht dieser Mond? Der Zugang zu tiefen Gefühlen fällt recht schwer.
Wie intuitiv macht dieser Mond? Menschen mit dieser Konstellation reagieren oft sehr intuitiv.
Was braucht man mit diesem Mond? Menschen um sich, Unterhaltung, Ansprache, Freunde.
Für den Mann: Wie lautet das Suchbild »(Mond-)Frau«? Sie soll kommunikativ, gebildet, unterhaltsam und freiheitsliebend sein.

Der Mond im Zeichen Krebs – Gefühlvoll
Mondstärken Für andere da sein, Erlebnistiefe, seelische Beeindruckbarkeit, ausgeprägtes Traumleben, starke unbewusste Kräfte, mütterlich und häuslich sein, starkes Innenleben, große Einfühlungsgabe, telepathische Fähigkeiten
Mondschwächen Täuschungen, unverstanden sein, Launenhaftigkeit, Mutterprobleme

Die Botschaft des Mondes lautet: »Du bist mir besonders nah. Fest sind wir miteinander verbunden. Daher veränderst du dich mit meinem Wandel: Werde ich schmäler, willst auch du dich verausgaben. Bin ich ganz verschwunden, ziehst du dich ebenfalls zurück. Umgekehrt ist es dir danach, dich zu zeigen, fröhlich und extravertiert zu sein, wenn ich wieder größer werde. Dir öffne ich auch – mehr als jedem anderen – ein Fenster, damit du hinüberschauen kannst in die Welt der Wunder.«

Mond-Check
Wie weiblich macht dieser Mond? Extrem weiblich.
Wie mütterlich macht dieser Mond? Eigene Kinder und eine Familie, für die man sorgen kann, gehören zu dieser Konstellation.
Wie gefühlvoll macht dieser Mond? Es entwickelt sich ein starkes Gefühlsleben.
Wie intuitiv macht dieser Mond? Träume und Intuition haben große Tiefe.
Was braucht man mit diesem Mond? Eine Familie, Kinder, immer wieder Zeit für sich.
Für den Mann: Wie lautet das Suchbild »(Mond-)Frau«? Sie soll die Mutter »seiner« Kinder werden, häuslich, liebevoll und fürsorglich sein.

Der Mond im Zeichen Löwe – Stolz

Mondstärken Darstellungskunst, Selbstvertrauen, Kreativität, Gerechtigkeitsempfinden, Unternehmungsgeist, schauspielerische Talente
Mondschwächen Theatralik, Übertreibung, Trägheit, Faulheit, Narzissmus

Die Botschaft des Mondes lautet: »Du hast einen besonders starken Mond, einen, der ständig in seiner vollen Größe zu sein scheint. Das führt dazu, dass du ein ausdrucksstarker, emotionaler Mensch bist. In dir entspringt eine Quelle ununterbrochener Kreativität und Inspiration, das äußert sich als starkes Phantasie- und Traumleben. Du musst Möglichkeiten finden, dein inneres Erleben nach außen zu transponieren. Du verkümmerst, wenn du dein Mondgeschenk nicht lebst.«

Mond-Check
Wie weiblich macht dieser Mond? Löwemond-Menschen sind feurig und stark.

Wie mütterlich macht dieser Mond? Sie übernehmen gern die Mutterrolle, um andere zu verwöhnen.
Wie gefühlvoll macht dieser Mond? Sie haben spontane, feurige Gefühle, verlieren sie aber auch schnell wieder.
Wie intuitiv macht dieser Mond? Licht und Wärme nähren ihre Intuition und führen zu großer Kreativität und Schöpferkraft.
Was braucht man mit diesem Mond? Feuer, Wärme, Sonne, aber auch Bestätigung und Achtung: Daraus besteht dieses Lebenselixier.
Für den Mann: Wie lautet das Suchbild »(Mond-)Frau«? Eine starke Frau soll es sein, der man gern auch die Regie über Haus und Familie anvertraut.

Der Mond im Zeichen Jungfrau – Vorsichtig

Mondstärken Vorhersehen können, Organisations- und Konzentrationsfähigkeit, Ordnungsliebe, Gespür für gesundheitliche Belange, bewusste Ernährung, Zugang zu geheimem Wissen
Mondschwächen Abhängigkeit von Zuwendung

Die Botschaft des Mondes lautet: »Das Leben ist keine Autobahn, auf der es immer geradeaus geht. Ein Weg voller Überraschungen erwartet dich. Daher ist es wichtig, dass du stets hellwach bist, um zu wissen, was kommt. Ich, dein Mond, habe dich deshalb auch mit der Gabe der Vorausschau ausgestattet, damit du nie im Dunkeln tappst. Aber du bist auch ein Erdzeichen, ein Kind unseres Planeten. Dies bedeutet, dass du mit der Zeit seinen gesetzmäßigen Lauf immer besser erkennst. Es hilft dir, dein Leben zu beruhigen. Lerne daher von der Erde und dem Wechsel der Jahreszeiten.«

Mond-Check
Wie weiblich macht dieser Mond? Er macht eher mädchenhaft als weiblich (und eher burschikos als männlich).

Wie mütterlich macht dieser Mond? Frauen mit dieser Mondstellung sind keine »schlechten Mütter«, fühlen sich aber oft zu etwas anderem berufen.
Wie gefühlvoll macht dieser Mond? Empfindungen gegenüber macht er eher misstrauisch.
Wie intuitiv macht dieser Mond? Die Erde offenbart ihr Wissen, so dass die Betreffenden es zum Beispiel auch für heilendes Wirken anwenden können.
Was braucht man mit diesem Mond? Kontakt mit Mutter Erde, Sicherheit, einen Lebensplan.
Für den Mann: Wie lautet das Suchbild »(Mond-)Frau«? Sie soll klug und praktisch sein, ihr Gefühlsleben unter Kontrolle haben, und sie darf sich nicht in Abhängigkeiten verstricken.

Der Mond im Zeichen Waage – Ausgewogen

Mondstärken Andere spüren können, gern unter Leuten sein, Kontaktfreude, Sinn für Ästhetik, Kunst, Schönheit, verbindend und ausgleichend sein, Gerechtigkeitsliebe
Mondschwächen Entscheidungsunfähigkeit, Antriebsarmut, Überempfindlichkeit, Abhängigkeit

Die Botschaft des Mondes lautet: »Du hast eine Art Wünschelrute, mit deren Hilfe du jedes Ungleichgewicht erspüren kannst. Lebt jemand in Disharmonie oder herrscht eine Unstimmigkeit zwischen Menschen, schlägt dein magisches Instrument augenblicklich aus. Am schnellsten reagierst du auf eigene Störungen, weswegen es für dich sehr wichtig ist, in Harmonie und Frieden zu leben und dein Umfeld entsprechend auszuwählen. Andere suchen dich auf, weil du sie nicht nur bestens verstehst, sondern auch dazu beiträgst, für Versöhnung und Eintracht in ihrem Leben zu sorgen.«

Mond-Check
Wie weiblich macht dieser Mond? Er macht zärtlich, einfühlsam und auch weiblich, aber nicht im Übermaß.
Wie mütterlich macht dieser Mond? Menschen mit dem Mond im Zeichen Waage können sich Kindern gegenüber schlecht durchsetzen.
Wie gefühlvoll macht dieser Mond? Stimmungen lieben sie, starke Emotionen aber bereiten Probleme.
Wie intuitiv macht dieser Mond? Man ist sehr sensibel und ungeheuer phantasievoll.
Was braucht man mit diesem Mond? Eine harmonische Umgebung und ausgeglichene Beziehungen.
Für den Mann: Wie lautet das Suchbild »(Mond-)Frau«? Sie muss feinsinnig, geschmackvoll, sehr einfühlsam und liebesfähig sein.

Der Mond im Zeichen Skorpion – Tiefgründig

Mondstärken Hinterfragen, aufdecken, im Krisenfall Stärke zeigen, okkulte Fähigkeiten, suggestive Ausstrahlung, großer Familiensinn
Mondschwächen Nicht loskommen von der Mutter, Despotismus, krankhafte Eifersucht, Misstrauen

Die Botschaft des Mondes lautet: »Da das Wesentliche, Eigentliche und Wahre in aller Regel nicht offensichtlich wird, ist es deine Bestimmung, dich bis ins Innerste der Menschen hineinzuspüren. Deinem Röntgenblick bleibt nichts verborgen. Jeden unterziehst du einer Prüfung, und nur wenn er sie besteht, lässt du dich auf eine Beziehung ein. Letztlich suchst du so ein Gegenüber, das dich ergänzt – dein Du –, um mit ihm eine Familie zu gründen. In deinen Kindern lebst du weiter. Sie geben dir Zukunft, auch wenn es dich nicht mehr gibt.«

Mond-Check
Wie weiblich macht dieser Mond? Menschen mit einem Skorpionmond verfügen über große weibliche Kräfte.
Wie mütterlich macht dieser Mond? Gute Mütter sind das – auch die Männer …!
Wie gefühlvoll macht dieser Mond? Man empfindet tiefe Gefühle und große Leidenschaft.
Wie intuitiv macht dieser Mond? Die Betreffenden sind visionär und haben magische Fähigkeiten.
Was braucht man mit diesem Mond? Vertrauen und Sicherheit.
Für den Mann: Wie lautet das Suchbild »(Mond-)Frau«? Sie muss stark und bereit sein für ein ehernes Bündnis und gemeinsame Kinder.

Eine besondere Konstellation
Sie sind in der Vollmondphase (zwei Tage vor bis zwei Tage nach dem Vollmond) geboren und damit ein besonderer Mensch. Denn Sie tragen in sich die lebendige Spannung zwischen Mann und Frau am deutlichsten. Das führt zu einem reichen und faszinierenden Beziehungsleben. Es kann aber auch große Konflikte für Partnerschaft und Liebe bringen.

Der Mond im Zeichen Schütze – Sinnstiftend
Mondstärken Optimistisch, motivierend, begeisternd, vielseitig, schriftstellerische Talente, sportliche Fähigkeiten, gut im Ausland leben können
Mondschwächen Blauäugigkeit, Naivität, Phantasterei

Die Botschaft des Mondes lautet: »Du bist auf die Welt gekommen, um der Dunkelheit ein Ende zu bereiten, dem Guten und Gesunden zum Sieg über das Böse und Kranke zu verhelfen. Verstehen, einen Sinn verleihen, verzeihen – so lauten deine Waffen, mit denen du ins Feld ziehst und siegreich zurückkommst. Du bist wie eine heilige Schale, welche alle Waffen stumpf macht, die in sie gelegt werden. Schlimmes wird erlöst. Wunden können heilen. Friede kehrt ein.«

Mond-Check
Wie weiblich macht dieser Mond? Auch als Frau stehen diese Menschen leicht ihren Mann.
Wie mütterlich macht dieser Mond? Zu viel Mütterlichkeit ist ihnen suspekt.
Wie gefühlvoll macht dieser Mond? Sie sind feurig, ekstatisch, aber nicht gerade gefühlvoll.
Wie intuitiv macht dieser Mond? Man verfügt über große Intuition und Seelenstärke.
Was braucht man mit diesem Mond? Eine Aufgabe, die etwas Sinnvolles zum Ziel hat.
Für den Mann: Wie lautet das Suchbild »(Mond-)Frau«? Sie muss selbständig, aktiv, sportlich sein. Man muss sich mit ihr auch geistig austauschen können.

Der Mond im Zeichen Steinbock – Überpersönlich

Mondstärken Klares Gefühlsleben, Selbstbeherrschung und Pflichtbewusstsein, Streben nach Objektivität und Durchsichtigkeit, Ernsthaftigkeit, Liebe zum Beruf
Mondschwächen Sich selbst zu negativ sehen, abhängig sein von beruflichem Erfolg, Gefühlskontrolle

Die Botschaft des Mondes lautet: »Du bist mit der Gabe gesegnet, das Allgemeine und Wesentliche auch im Einzelnen und Persönlichen zu erkennen. Das macht dich zu einer Person, die den Menschen in ihrer Gesamtheit verpflichtet ist. Dafür tritt das Persönliche und Individuelle bei dir zurück. Es wird unbedeutend. Du bist Wächter und Bewahrer des Seelischen, Stimmigen und Wahren.«

Mond-Check
Wie weiblich macht dieser Mond? Menschen mit dieser Mondposition sind sehr weiblich, ohne es immer nach außen hin deutlich zu zeigen.
Wie mütterlich macht dieser Mond? Auch ihre Mütterlichkeit ist ausgeprägt, aber nicht unbedingt für eigene Kinder.
Wie gefühlvoll macht dieser Mond? Sie unterscheiden echte und wahre Gefühle von Emotionen, die vorgetäuscht werden.
Wie intuitiv macht dieser Mond? Die Betreffenden haben die Fähigkeit, Visionen zu entwickeln.
Was braucht man mit diesem Mond? Eine Aufgabe für die Allgemeinheit.
Für den Mann: Wie lautet das Suchbild »(Mond-)Frau«? Sie soll eine gewisse Persönlichkeit ausstrahlen, stark und selbständig sein.

Der Mond im Zeichen Wassermann – Schöpferisch

Mondstärken Sozial, human, freundlich, aufgeschlossen, ungebunden, Veränderungsliebe, Reisefreude, Erfindungsgabe, Intuitionskraft, Reformwillen

Mondschwächen Zwanghaft antiautoritäres Denken und Handeln, Verwirrtheit

Die Botschaft des Mondes lautet: »Du bist mit einer schöpferischen Quelle verbunden, in der ununterbrochen Neues geboren, Altes verwandelt und neu gestaltet wird. Das Unvorhersehbare, Neue und Fremde ist deine Heimat. Das führt manchmal dazu, dass du dir selbst in deinem Inneren fremd vorkommst, voller Widersprüche steckst und nicht mehr recht weißt, wer du bist und woher du kommst. Solche Phasen dienen aber der Vorbereitung eines neuen schöpferischen Schubs. Du darfst dich davon nicht verwirren lassen.«

Mond-Check
Wie weiblich macht dieser Mond? Männlich oder weiblich? Beide Seiten sind Menschen mit dieser Konstellation vertraut.
Wie mütterlich macht dieser Mond? Sie sind der beste Gefährte und Freund aller Kinder, aber nicht der klassische Muttertyp.
Wie gefühlvoll macht dieser Mond? Stimmungen sind wunderbar. Emotionen gegenüber sind die Betreffenden misstrauisch.
Wie intuitiv macht dieser Mond? Sie haben häufig Offenbarungsträume, in denen sie Hinweise für ihren Lebensweg erhalten.
Was braucht man mit diesem Mond? Anregungen, Veränderungen und die Möglichkeit, sich schöpferisch betätigen zu können.
Für den Mann: Wie lautet das Suchbild »(Mond-)Frau«? »Etwas Besonderes« soll sie sein – frei, unabhängig – und sich von anderen Frauen unterscheiden.

Der Mond im Zeichen Fische – Geheimnisvoll
Mondstärken Medialität, heilerische Qualitäten,
Kraft durch Glauben, Sensibilität, Liebe für andere,
Liebe zur Schöpfung, verlässliches instinkthaftes Gespür
Mondschwächen Wirre Phantasievorstellungen, Unsicherheit, Bindungslosigkeit

Die Botschaft des Mondes lautet: »Du bist wie der Mond, der sich am Vormittag noch am blauen Himmel zeigt, bis er mit ihm auf rätselhafte Weise verschmilzt – schillernd, beinah durchsichtig und im Inneren zerbrechlich und fein. Du bist dem Gefäß, in dem die Seele wohnt, sehr nah und weißt, dass man sie nicht fassen kann. Sie zeigt sich nur denen, die ohne Absicht sind, Kindern und Heiligen. Du bist voller Liebe für alles, was unvollkommen ist, kannst heilen und versöhnen.«

Mond-Check
Wie weiblich macht dieser Mond? Äußerst weiblich.
Wie mütterlich macht dieser Mond? Menschen mit einem Fischemond fühlen sich als Mutter der gesamten Schöpfung.
Wie gefühlvoll macht dieser Mond? Sie sind unglaublich gefühlvoll.
Wie intuitiv macht dieser Mond? Mehr an Intuition weist keine der anderen Mondstellungen auf.
Was braucht man mit diesem Mond? Stille, Einkehr, Liebe und Verständnis für die geheimnisvollen Seiten des Seins.
Für den Mann: Wie lautet das Suchbild »(Mond-)Frau«? Sie soll liebevoll, geheimnisvoll, fast engelhaft sein.

Merkur – Schlau, beredt, kommunikativ und göttlich beraten

Die Bedeutung Merkurs

Der römische Gott Merkur entspricht ganz dem Hermes der griechischen Mythologie. Er war ein ausgesprochen schillernder Gott, versehen mit zahlreichen Eigenschaften und Funktionen. Respekt und Bewunderung erwarb er sich durch Klugheit und Raffinesse. So stahl er, gerade erst als Sohn des Jupiter bzw. Zeus und der Nymphe Maia geboren, dem Gott Apoll eine Rinderherde. Von diesem zur Rede gestellt, spielte er auf einem mit Fell und Saiten versehenen Schildkrötenpanzer derart gekonnt auf, dass Apolls Zorn verflog und er ihm die Rinder im Tausch gegen das Musikinstrument überließ. Ganz nebenbei hatte Merkur auf diese Weise die Lyra erfunden, jenes zauberhafte Instrument, mit dem später Orpheus Menschen wie Götter verzauberte.

Gott Merkur war also klug und listig, und genau diese Fähigkeit verleiht er auch dem Menschen. Er macht beredt, erfinderisch und verhilft einem auch mal zu einer guten Ausrede. Wegen seiner listigen Eigenschaften wurde er zum Gott der Kaufleute, Diebe und Bänkelsänger. Seine Fröhlichkeit machte ihn zum Schutzpatron all derjenigen, die auf heiteren Wegen wandeln. Und sein Diebstahl der Kühe ließ ihn selbstredend zum Gedeihen der Viehherden beitragen. Infolge seiner Lust am Reden und seines Talents, sich allemal in ein günstiges Licht zu setzen, wurde er der göttliche Freund all derer, die viel sprechen, schreiben und auf der Bühne stehen: Dichter, Sänger, Schauspieler, Politiker, Talkmaster, Ansager, Komiker, Artisten oder Musiker. Wie wir denken, reden, kommunizieren, uns darstellen und uns verkaufen, das alles verrät die Position Merkurs in unserem Horoskop. Er verkörpert unsere unbeschwerte Seite und den leichtesten Weg, den man gehen kann.

Aber Merkur hat noch mehr auf Lager: Bei den Griechen galt er als Diener Jupiters und als Götterbote, der zwischen dem Olymp, dem Wohnort der Unsterblichen, und den Menschen drunten auf der Erde vermittelte. Und er begleitete auch die Seelen der Verstorbenen in die Unterwelt. Er besaß geflügelte Sandalen und einen geflügelten Hut, damit er rasch hin und her eilen konnte. Ein weiteres Attribut war sein goldener Heroldsstab, der Kerykeion, ein Zauberstab.

Hermes überbrachte also den Willen seines Vaters Zeus. So führte er zum Beispiel in dessen Auftrag Hera, Athene und Aphrodite zum Idagebirge, wo Paris den goldenen Apfel der – seiner Wahl nach – schönsten der Frauen überreichen sollte. Seine Entscheidung für Aphrodite, die ihm dafür Helena versprochen hatte, löste später bekanntlich den Trojanischen Krieg aus.

Tatsächlich fungiert Merkur auch in der Astrologie als eine Art Empfangs- und Sendestation. Wo er sich in unserem Horoskop befindet, sind uns die Götter besonders nah und übermitteln uns ihre Botschaften und Nachrichten. Umgekehrt können wir dort die Götter am ehesten erreichen.

Merkur ist der sonnennächste Planet. Er zieht seine Kreise um unser Zentralgestirn so eng, dass er sich nie mehr als maximal ein Zeichen von der Sonne entfernen kann. Das führt auch dazu, dass in vielen Horoskopen Merkur die gleiche Tierkreiszeichenposition einnimmt wie die Sonne.

☿ Das astrologische Symbol besteht aus einer Schale, einem Kreis und dem Kreuz. Die Schale symbolisiert seelische Empfänglichkeit. Der Kreis steht für die Dimension des Geistes, das Kreuz für Materie. Das Symbol in seiner Gesamtheit signalisiert, dass Seele und Geist über der Materie stehen und sie dominieren.

Auf den folgenden Seiten finden sich die wichtigsten Eigenschaften der Merkurposition von Stiergeborenen. Bei der konkreten Anwendung ist auch hier zu berücksichtigen, dass die Konstellation durch Verbindungen mit verschiedenen weiteren Gestirnen immer eine andere Färbung bekommen und im Einzelfall auch einmal stark von den genannten Deutungen abweichen kann.

Die exakte Merkurposition lässt sich wieder über die Homepage des Autors herunterladen (www.bauer-astro.de).

Der Stier und seine Merkurzeichen

Merkur im Zeichen Widder – Schnelles Denken

Merkurstärken Schnelle Auffassungsgabe, flinkes Denken, rasch auf den Punkt kommen
Merkurschwächen Flüchtig, unkonzentriert, oberflächlich, rechthaberisch

Die Botschaft Merkurs lautet: »Du denkst blitzschnell, besitzt eine rasche Auffassungsgabe und hast keine Hemmungen, deine Gedanken laut kundzutun. Genauso schnell und direkt ist auch deine Art, auf andere zuzugehen. In deinem Kopf laufen zuweilen regelrechte Filme ab: Da wird diskutiert, gestritten, abgewogen, verglichen und, und, und. Dein Denken ist natürlich auch logisch und an deinen Erfahrungen orientiert.

Aber ich, dein Merkur, verleihe dir ebenso die Gabe der Inspiration, so dass Ideen und Gedankenblitze dir manchmal einfach ›zufallen‹, als kämen sie aus der Luft oder dem Nichts, als fielen sie vom Himmel. Diese Art zu denken macht dich erfinderisch, manchmal sogar schlichtweg genial. Dennoch bedürfen deine Ideen und Gedanken einer Überprüfung. Dazu brauchst du Menschen mit anderen Merkurpositionen. Du bist nämlich erst dann richtig gut und erfolgreich, wenn andere deine Ideen in die Tat umsetzen.«

Merkur-Check
Ist man mit diesem Merkur kontaktfähig? Man hat kaum Probleme, auf andere zuzugehen.
Was bringt einen »den Göttern« näher? Sich verausgaben, ekstatisch lieben, andere überzeugen.

Merkur im Zeichen Stier – Sachliches Denken
Merkurstärken Konzentriertes und konkretes Denken
Merkurschwächen Stur sein, starr denken

Die Botschaft Merkurs lautet: »Dein Denken ist sachlich, genau und praktisch. Du beziehst dich in deinen Überlegungen auf eigene Erfahrungen oder solche, die von zuverlässigen Leuten stammen. Das verleiht dir Sicherheit und Glaubwürdigkeit; es unterlaufen dir kaum Fehler. Was du sagst, hat Hand und Fuß. Das darf dich allerdings nicht dazu verleiten, deine eigene Art zu denken als die einzig richtige zu betrachten und andere zu kritisieren oder gar zu demoralisieren. Deine Meinung ist nur eine von mehreren. Es ist deine Stärke, andere, die weniger sachlich und empirisch fundiert argumentieren, zu ergänzen. Lass dich im Gegenzug aber auch von deinen Mitmenschen inspirieren!

Auf andere zuzugehen fällt dir nicht leicht. Du wartest lieber ab, bis man auf dich zukommt, reagierst jedoch abweisend, wenn jemand zu forsch auftritt. Hier solltest du offener werden. Nicht jeder, der dich direkt angeht, will dich bedrängen; er ist vielleicht nur spontaner als du.

Dein Denken dreht sich häufig um Schönheit, Genuss, Essen, Trinken, Geld und Besitz. Das hilft dir, deine Wünsche real umzusetzen. Mit mir, dem Merkur im Zeichen Stier, solltest du keine Probleme haben, genug Geld zu verdienen.

Gegen Sturheit und Engstirnigkeit musst du allerdings zu Felde ziehen, und zwar bei dir selbst. Um dies zu üben, könntest du dir zum Beispiel von Fall zu Fall einmal vornehmen, anderer Leute Meinung voll und widerspruchslos zu akzeptieren.«

Merkur-Check
Ist man mit diesem Merkur kontaktfähig? Man wartet lieber, bis jemand auf einen zugeht.
Was bringt einen »den Göttern« näher? Wunschlos glücklich, sinnlich befriedigt und reich zu sein.

Merkur im Zeichen Zwillinge – Vielseitiges Denken

Merkurstärken Flinkes, übersichtliches, vielseitiges Denken
Merkurschwächen Flüchtigkeit, unkonzentriert und oberflächlich sein

Die Botschaft Merkurs lautet: »Mit diesem Merkur im Zeichen Zwillinge bist du besonders ›fit‹. Das beruht darauf, dass ich das Sternzeichen Zwillinge regiere, dort also zu Hause bin und mich entsprechend gut entfalten kann. Die Folge für dich ist ein kolossal vielseitiges und vielschichtiges Denken. Du bist grundsätzlich allem gegenüber aufgeschlossen und interessiert und lässt dich von guten Argumenten jederzeit überzeugen. Du denkst logisch. Das heißt, dass du – vielleicht ohne es überhaupt selbst zu bemerken – ständig abwägst, vergleichst und Schlüsse ziehst. Mitunter steht dein Kopf wie unter Strom. Du brauchst daher eine Möglichkeit, abzuschalten. Das gelingt dir am besten, wenn du dir einen unkomplizierten Film anschaust oder in einem Magazin blätterst. Allerdings ist dabei dein Kopf immer noch aktiv. Du solltest daher lernen, dich ›leer zu machen‹, was dir (mit viel Geduld und Zeit) am ehesten mit Hilfe von Meditation oder Yoga gelingt.

Deine große Stärke ist es, auf andere Menschen zuzugehen und mit ihnen ein Gespräch zu beginnen. Ähnlich einem Entertainer kannst du ganze Partys unterhalten. Aber auch im Beruf hast du mit mir, dem Merkur im Zeichen Zwillinge, ein großes Plus.

Pass auf, dass du andere nicht mundtot machst. Du denkst und redest so schnell, dass kaum jemand mithalten kann. Werd in geselligen Situationen ruhiger und hör anderen mehr zu! So umgehst du die Schwächen deiner Merkurstellung und stärkst die positive Seite.«

Merkur-Check

Ist man mit diesem Merkur kontaktfähig? Auf andere Menschen zuzugehen macht Spaß und fällt leicht.
Was bringt einen »den Göttern« näher? Sich zu unterhalten, etwas herauszufinden, seine Neugierde zu befriedigen.

Venus – Die Liebe

Die Bedeutung der Venus

Kurz nach Sonnenuntergang – der Westen badet sich noch in goldenem Rot, im Osten kündet stahlblauer Himmel die Nacht an – kann man sie sehen, die Venus. Sie ist so hell, dass man sie manchmal mit den Lichtern eines Flugzeugs verwechselt. Und in Gegenden, die nicht künstlich erleuchtet sind, überkommt den Betrachter bei ihrem Anblick das Gefühl einer außerirdischen Begegnung. Der Tag geht zur Ruhe, Venus läutet den Feierabend ein, jene Zeit, die weder der Arbeit noch dem Schlaf gehört, sondern der Muße – und der Liebe.

Aber Venus verzaubert nicht nur den Abend, sondern auch den Morgen. Denn die Hälfte des Jahres läuft sie, wie wir es von der Erde aus sehen, der Sonne nach, und sie steht dann als Venus des Abends nach Sonnenuntergang noch einige Zeit am Abendhimmel. Die andere Hälfte jedoch läuft sie der Sonne voraus und steigt als Venus des Morgens vor der Sonne über den östlichen Horizont als strahlende Botin des neuen Tages.

Venus oder ihr griechisches Pendant Aphrodite trug den Beinamen »Schaumgeborene« (griechisch *aphrós* = »Schaum«). Einem Mythos zufolge hat Kronos (Saturn[us]), der Vater des Zeus, seinen Vater Uranos mit der Sichel entmannt und das Zeugungsglied bei Zypern ins Meer geworfen. Aus dem Schaum, der sich dabei bildete, ist die Göttin der Schönheit entstanden.

Sie galt als die fruchtbare Patronin des blühenden Frühlings und der überströmenden Frühlingslust. Sie war die Beschützerin der Gärten, Blumen und Lusthaine. Ihre Lieblingsgewächse waren Myrten, Rosen und Lilien, ihre Frucht der Apfel, ihre bevorzugten Tiere Widder, Böcke, Hasen, Tauben und die bunten Schmetterlinge. Vor allem aber war Venus/Aphrodite eine Frau, deren unvergleichliche Schönheit die Männer betörte. Man fand schier kein Ende, all ihre Reize aufzuzählen: göttlicher Wuchs, strahlende Augen, verlockender Blick, rosenknospiger Mund, zierliche Ohren, reizender Busen und dergleichen mehr.

Im Vergleich zu ihr sah ihr hässlicher, hinkender Ehemann Hephaistos, der Gott des Erdfeuers und Schutzgott der Schmiede, ziemlich alt aus, wie man heute sagen würde. Jeder fragte sich, wie diese Schönheit einem so grobschlächtigen Mann zugetan sein konnte, auch Venus selbst: Sie nutzte denn auch jede Gelegenheit zu einem Seitensprung. Der bekannteste und folgenreichste war wohl jener mit Mars, dem Amor entstammte, der spitzbübische Junge mit den heimtückischen Liebespfeilen.

Die schöne Venus bekam ein würdiges Denkmal am Himmel: Das hellste Gestirn wurde nach ihr benannt. Je nach Position kündet Venus als »Abendstern« den Feierabend, vor Sonnenaufgang die nahende Morgenröte an.

»Venus« ist ein anderes Wort für »Liebe, Lust, Zärtlichkeit, Leidenschaft, Zweisamkeit, Anziehung, Nähe, Knistern, Flirten, Sehnsucht, Verschmelzung, Sinnlichkeit« und so fort. Aber jede Venusposition in den Tierkreiszeichen gibt all diesen Facetten der Liebe eine andere Färbung, ein bestimmtes Gewicht, einen spezifischen Glanz.

♀ Das astrologische Symbol besteht aus einem Kreuz und einem Kreis. Letzterer symbolisiert den Geist. Das Kreuz wiederum ist ein Sinnbild für die Materie: Der Kreis steht über dem Kreuz, er lenkt die Materie, führt sie zur Vollendung in der Liebe.

Auf den folgenden Seiten finden sich die bedeutendsten Eigenschaften der Venusposition von Stiergeborenen. Bei einer konkreten Anwendung ist wieder zu berücksichtigen, dass die Konstellation durch Verbindungen mit verschiedenen weiteren Gestirnen unter Umständen eine andere Färbung bekommt und im Einzelfall möglicherweise stark von den hier genannten Deutungen abweicht.

Auch die exakte Venusposition kann über die Homepage des Autors heruntergeladen werden (www.bauer-astro.de).

Der Stier und seine Venuszeichen

Venus im Zeichen Widder – Stürmische Liebe

Venusstärken Spontan, direkt, feurig, leidenschaftlich, begeisterungsfähig, kunstliebend

Venusschwächen Egoistisch, überfordernd, zu einer übereilten Bindung führend, übertrieben, verschwenderisch

Die Botschaft der Venus lautet: »Besonders feinfühlig bist du nicht. Du sagst ohne Verschnörkelung, was du denkst. Dafür hast du auch nichts gegen einen klärenden Krach. Hinterher ist die Luft wieder reiner. Und was zu Bruch geht, war ohnehin nur eine Scheinidylle. Das klingt nach einem einfachen, kindlichen Gefühlsleben. Mag sein. Aber dafür bleibst du jung, erfrischend, charmant und immer für eine Überraschung gut – also ein probates Gegengift bei Langeweile. Und du bist nicht nachtragend. Du kommst leicht in Fahrt, spuckst auch mal Feuer und Galle, aber die Versöhnung ist auch nicht weit – und dann besonders süß.«

Venus-Check

Kann man mit dieser Venus gut allein sein? Eher nicht, aber man kommt schon zurecht.

Braucht man mit dieser Venus Sicherheit? Nicht so sehr, eher Lust, Unterhaltung und Vergnügen.

Besteht diese Venus auf Treue? Nicht ausgesprochen.

Macht diese Venus eifersüchtig? Ja, sogar extrem. Konkurrenten sind unausstehlich.

Findet man leicht einen Partner? Jederzeit. Man braucht nur loszuziehen.

Venus im Zeichen Stier – Praktische Liebe

Venusstärken Erotisch, gemütlich, natürlich, sympathisch, gesellig, unterhaltend, liebesfähig, treu
Venusschwächen Stur, bequem, äußerlich

Die Botschaft der Venus lautet: »Du bist ein ›Wonneproppen‹ und liebst das Leben mit all seinen Verführungen, seiner Schönheit und den unendlichen Sinnenfreuden. Niemals bekommst du genug davon. Und natürlich bist du beliebt: Weil du pragmatisch handelst und den bekannten Sinnspruch, dass Liebe durch den Magen geht, aufs köstlichste unter Beweis stellst. Weil du Geschmack hast und selbst ein Kellerloch in ein gemütliches Kuschelnest zu verzaubern vermagst. Weil du hingabefähig und treu bist und dennoch auf eigenen Beinen stehst. Allerdings braucht deine Liebe Zeit. Du bist kein ›Feuer-und-Flamme-Typ‹. Wahnsinnig stur kannst du auch sein: Was du dir einmal in den Kopf gesetzt hast, ziehst du durch. Aber du bist auch bequem und reagierst oft viel zu spät, wenn der Partnersegen einmal schief hängt.«

Venus-Check
Kann man mit dieser Venus gut allein sein? Nein, man teilt seine Sinnlichkeit lieber mit jemandem.
Braucht man mit dieser Venus Sicherheit? Ja, extrem. Da muss man sogar loslassen lernen.
Besteht diese Venus auf Treue? Keine Frage: Der Partner wird mit niemandem geteilt.
Macht diese Venus eifersüchtig? Ja, und es drohen martialische Eifersuchtsszenen.
Findet man leicht einen Partner? Sicher. Man ist begehrt und hat daher diesbezüglich kaum Probleme.

Venus im Zeichen Zwillinge – Verspielte Liebe

Venusstärken Vielseitig, verspielt, liebenswürdig, starke Leidenschaft, die jedoch beherrscht werden kann, Liebe zur Poesie
Venusschwächen Unruhig, gespalten, unsicher

Die Botschaft der Venus lautet: »Du bist kindlich, verspielt, unschuldig, naiv, göttlich, raffiniert, charmant, unterhaltend. Mit anderen Worten: Du bist eine einzige Überraschung. Liebe mit dir ist ein Flug auf Wolke sieben, ein Traum: so schön wie im wundervollsten Film. Deine Hände können zaubern, deine Stimme ist wie ein warmer, zärtlicher Wind, deine Worte schmeicheln und entführen in die Welt aus Tausendundeiner Nacht.

Die Liebe ist bestimmt der schönste ›Zeitvertreib‹, den es gibt. Aber du bist nicht abhängig von ihr – und schon gar nicht von einem anderen Menschen. Freiheit und Unabhängigkeit sind dir nämlich beinah noch wichtiger: Du hast deinen Mann (bzw. deine Frau) im Inneren; du musst daher mit niemandem zusammenleben und alles teilen. Ganz solo? Schon möglich! Aber hundertprozentig sicher geht es nicht ohne Menschen. Andere entspannen sich vielleicht in den Bergen, in der Badewanne oder im Schlaf. Du hingegen brauchst dein ›Social Life‹: Kontakte, Freunde, Begegnungen, Smalltalk. Was dich lebendig hält, ist die Hoffnung und die Chance, dass jeden Augenblick etwas Neues, Unvorhergesehenes passieren kann, vor allem in puncto Liebe.

Einen Schatten hast du auch, nämlich ein kleines ›Monster‹, das dich verfolgt und dir mitten in der schönsten Liebesgeschichte die Laune verdirbt. Damit musst du – und auch dein Partner – leben.«

Venus-Check

Kann man mit dieser Venus gut allein sein? Man kann es, das kommt aber selten vor.
Braucht man mit dieser Venus Sicherheit? Eher nicht. Man kommt immer irgendwie zurecht.
Besteht diese Venus auf Treue? Nein, zumindest nicht absolut.

Macht diese Venus eifersüchtig? Ja, leider, trotz aller Freiheitssuche.
Findet man leicht einen Partner? Mit dieser Venus? Nichts ist leichter als das!

Venus im Zeichen Krebs – Gefühlvolle Liebe
Venusstärken Zärtlich, hingebungsvoll, phantasievoll, kreativ, treu
Venusschwächen Klammernd, unselbständig, wechselhaft, empfindlich, beeinflussbar

Die Botschaft der Venus lautet: »In guten Zeiten bist du strahlend schön und unwiderstehlich erotisch. Unbekümmert wie ein Kind und gleichzeitig von ironischer Distanziertheit, kannst du über alles lachen, am meisten jedoch über die Liebe, dieses absurde, herrliche, verrückte, uralte und ewig neue Spiel, bei dem die Menschen seit Tausenden von Jahren stets die gleichen Fehler machen. Vielleicht zwei Tage später bist du wie umgewandelt: stumm, scheu, abwesend, in dich gekehrt. Sich den Kopf darüber zu zerbrechen, wie man dich wieder zum Lachen bringen könnte, ist zwecklos. In diesem Gemütszustand willst du allein sein. Du willst leiden!
Bist du eine Person mit vielen Gesichtern? Ein Verwandlungskünstler? Einfach nur launisch? Ja, aber vor allem bist du zu hundert Prozent gefühlsbestimmt. Und Gefühle folgen keiner Uhr, sondern sind unberechenbar wie Wetter, Wind oder die Wellen des Meeres. Sich um mehr emotionale Ausgeglichenheit zu bemühen ist daher vergeblich – und wäre zudem ein falscher Weg.
Steh zu deinen Gefühlen. Sie machen deine Liebe aufregend, romantisch und geheimnisvoll. Sie verwandeln die Liebe mit dir in einen göttlichen Akt. Denn deine Liebeskraft ist stärker als alles. Wen du liebst, wird wie von magischen Fäden angezogen und kann sich irgendwann von dir nicht mehr lösen. Ja, deine Liebe ist auch klammernd und verschlingend. Aber für einen Platz neben dir sollte man auch alles andere aufzugeben bereit sein.«

Venus-Check
Kann man mit dieser Venus gut allein sein? Nein, zum Alleinsein ist man nicht geboren.
Braucht man mit dieser Venus Sicherheit? Ja, eher zu viel sogar.
Besteht diese Venus auf Treue? Keine Frage, man gibt alles und will alles.
Macht diese Venus eifersüchtig? Natürlich – und wie!
Findet man leicht einen Partner? Jeder träumt von einem Partner mit solch einer Venus.

Venus im Zeichen Fische – Mystische Liebe
Venusstärken Hingebungsvoll, tief, selbstlos, mystisch, sinnlich, verschmelzend
Venusschwächen Unklar, häufig wechselnde Beziehungen

Die Botschaft der Venus lautet: »Für dich existieren kaum Grenzen und keine Distanz. Genau genommen wächst deine Liebe sogar proportional zur Entfernung. In Liebessachen bist du ein Träumer und ziehst schmachtende Sehnsucht plattem ›Zweier-Einerlei‹ vor. Du fürchtest den Alltag, weil er dich aus deinen Träumen reißt. Da du die Liebe mystifizierst, gestattest du dir keine Grenzen. Wird dir alles zu viel, flüchtest du in deinen unsichtbaren Elfenbeinturm und spielst ›Mich versteht sowieso keiner‹. Lerne, dich klar abzugrenzen! Niemand liebt so selbstlos, so phantasievoll, zärtlich und innig. Du hast ein Recht auf schöpferische Pausen!«

Venus-Check
Kann man mit dieser Venus gut allein sein? O ja, im Grunde ist man immer allein.
Braucht man mit dieser Venus Sicherheit? Nein, an die glaubt man sowieso nicht.
Besteht diese Venus auf Treue? Nein, man kann auf gar nichts pochen!

Macht diese Venus eifersüchtig? Nicht wirklich, es schmerzt höchstens.
Findet man leicht einen Partner? Sicher, aber oft ist es der falsche.

Mars – Potent, sexy und dynamisch

Die Bedeutung des Mars
Rötlich funkelnd wie Feuer oder Blut, so präsentiert sich nur ein Gestirn am nächtlichen Himmel: der Planet Mars. Abhängig von seiner Nähe zur Erde verändert sich obendrein die Intensität. Menschen früherer Zeiten erschauerten daher, wenn sein Rot zunahm. Sie sprachen von einem zornigen Auge am Himmel und betrachteten es als böses Omen.

In klassischer Zeit galt Mars als Herr und Beschützer der Kriege. Hinter Mars stecken allerdings nicht nur bedrohliche Eigenschaften: So schickt er zum Beispiel zündende Ideen, verleiht Startkraft und schenkt Courage. Mars sorgt für den richtigen Biss, um sich behaupten und Rivalen aus dem Weg schlagen zu können. Er verleiht die für das Konkurrenzgerangel unerlässlichen »spitzen Ellenbogen« und programmiert auf Sieg. Er verkörpert das Urmännliche, den heldenhaften, schönen Jüngling genauso wie einen sexbesessenen Macho. Mars steht auch einfach für Libido und Potenz. In ganz besonderer Weise verrät die Marsposition die Art und Weise des Eroberungsspiels: Ob man direkt auf jemanden zugeht, abwartet oder gar zum Rückzug bläst, es ist Mars, der die Fäden in der Hand hält.

Mars ist ein absolut männlicher Planet, vielleicht der männlichste überhaupt. Frauen besitzen zwar genau wie Männer ihren Mars, aber eher als Potenzial, als Anlagebild, und neigen dazu, ihn nicht selbst auszuleben, sondern ihn zu projizieren. Sie suchen sich Männer, die ihrem Mars entsprechen. Über diesen Umweg hat er dann doch Anteil an ihrem Leben. Frauen, die Berufe ergreifen, welche früher eher als typisch männlich galten (im Management beispielsweise), leben ihren Mars weitgehend selbst. Er ist der regierende Planet des Widders und weist daher viele Wesenszüge dieses Tierkreiszeichens auf.

♂ Das astrologische Symbol besteht aus einem Kreis und einem Pfeil. Ersterer symbolisiert den Geist, Letzterer die Bewegung. Das Symbol in seiner Gesamtheit steht für einen bewegten und bewegenden Geist.

Auf den folgenden Seiten finden sich die zentralen Eigenschaften der Marsposition in einem Horoskop. Bei einer individuellen Anwendung ist ein weiteres Mal zu berücksichtigen, dass die Konstellation durch Verbindungen mit verschiedenen Gestirnen immer eine andere Nuance bekommen und im Einzelfall auch einmal stark von den hier genannten Interpretationen abweichen kann.

Ihre exakte Marsposition können Sie wieder über die Homepage des Autors herunterladen (www.bauer-astro.de).

Der Stier und seine Marszeichen

Mars im Zeichen Widder – Impulsiv

Marsstärken Energisch, kühn, mutig, stolz
Marsschwächen Streitsüchtig, egoistisch

Die Botschaft des Mars lautet: »Du verfügst über doppeltes Feuer, bist kämpferisch, mutig und furchtlos. Du machst fast vor nichts halt, bist ein Draufgänger, ein Held und Abenteurer, jemand, der nicht lange fackelt. Du willst nach deiner Fasson leben und sorgst dafür, dass dein Wille geschieht. Allerdings kann es sein, dass du mich (noch) nicht hast zu Wort kommen lassen, dass du dich und andere vor mir schützt, mich vielleicht unterdrückst oder verleugnest. Du hältst dich vielmehr für eine friedliche oder gehemmte Person.

Möglicherweise verspürst du gelegentlich ein inneres Rumoren, es packt dich ein Beben, das in einen völlig unerwarteten Wutausbruch mündet. Wahrscheinlich steigt dir diese eingesperrte Power in den Kopf und macht sich dort schmerzhaft bemerkbar. Sei, wie du bist. Gib nach, verschaff dieser Kraft rechtzeitig Raum – und dir Luft! Was hilft, ist eine Tätigkeit, die dir möglichst viel Freiheit lässt. Erleichterung findest du auch über sämtliche aktiven Sportarten. Am wichtigsten aber ist, dass du mit der Zeit mehr und mehr zu mir und damit zu dir stehst, dir mehr zutraust, öfter mal über die Stränge schlägst und dich nicht dafür tadelst, wenn dein ›marsischer‹ Anteil über dich kommt.«

Mars-Check
Wie gut setzt man sich mit diesem Mars durch? Die Voraussetzungen sind exzellent.
Wie aggressiv macht dieser Mars? Sehr, sofern man sich nicht auslebt.
Wie viel Sexpower bekommt man mit ihm? Jede Menge, vorausgesetzt, man unterdrückt sich nicht selbst.

Mars im Zeichen Stier – Beharrlich
   Marsstärken Ausdauernd, zäh, sinnlich
   Marsschwächen Jähzornig, gierig, stur

Die Botschaft des Mars lautet: »Die Kombination meines Feuers mit der Erde des Stiers verleiht dir die Stärke eines mittleren Erdbebens. Was du anpackst, ziehst du auch durch, denn du hast nicht nur Kraft, sondern bist auch zäh und ausdauernd. Dein Feuer brennt nicht lichterloh, um dann rasch in sich zusammenzufallen. Es gleicht einer beständigen Glut. Darüber hinaus bringt die Begegnung mit mir und dem Stier eine betont sinnliche Komponente in dein Dasein. Als dritte Haupteigenschaft verfügst du über einen enormen Erwerbstrieb: Dein Lebtag lang arbeitest du für Sicherheit, Geld, ein Haus, Luxus oder was auch immer. Du bist dazu geboren, das Fleckchen Erde, auf dem du lebst, in ein blühendes Paradies zu verwandeln.

Möglicherweise führe ich bei dir aber ein Schattendasein, und du kennst mich noch gar nicht richtig. Vielleicht schätzt du dein Leben überhaupt nicht als übermäßig sinnlich ein oder bezeichnest dich sogar als arm. Aber das heißt nur, dass du mich noch nicht gefunden hast. Doch ich bin da. Meine kolossale Kraft, meine Sinnlichkeit und der Zug zum Reichtum schlummern in dir.

Was dir hilft, mich zu aktivieren, sind körperliche Bewegung und Kontakt mit der Natur. Am wichtigsten aber ist, dass du an mich glaubst und in deinem Denken und Handeln Raum für mich schaffst.«

Mars-Check
Wie gut setzt man sich mit diesem Mars durch? Stark wird man bei Angriffen.
Wie aggressiv macht dieser Mars? Sehr, wenn man gereizt wird.
Wie viel Sexpower bekommt man mit ihm? Darüber muss kein Wort verloren werden. Oder höchstens eines: viel!

Mars im Zeichen Zwillinge – Verspielt
Marsstärken Gewandt, neugierig, vielseitig
Marsschwächen Unkonzentriert, zerstreut

Die Botschaft des Mars lautet: »Ich helfe dir dabei, ein unternehmerischer, vielseitig interessierter und talentierter Mensch zu sein. Mein Feuer in Verbindung mit der Luft des Zwillingezeichens macht dich mutig und unerschrocken. Die beiden Elemente ergeben eine sehr günstige Mischung: Feuer braucht Luft. Im übertragenen Sinne bedeutet Luft Kommunikation. Daraus folgt, dass du vitaler, lebendiger und feuriger wirst, sobald du unter Menschen bist. Hingegen dämpft Alleinsein dein Temperament. Oder die Gedanken beginnen zu rotieren, und du kannst deinen Kopf nicht mehr abschalten.

Deine ohnehin vorhandene Neugier wird durch mich noch beflügelt. Dein Interesse an allem lässt sich jedoch nur im Kontakt mit deiner Außenwelt ausreichend befriedigen. Allerdings kann es auch sein, dass du mich noch gar nicht richtig entdeckt hast und mich daher nicht ausleben kannst. Dein eigenes Leben kommt dir vielleicht überhaupt nicht übermäßig interessant und abwechslungsreich, sondern eher ziemlich öde vor. Dann ist es höchste Zeit, mich ans Licht zu holen. Du spürst womöglich schon, wie ich in deinem Innern rumore.

Was dir hilft, mich zu ›wecken‹, sind Atemübungen und viel körperliche Betätigung an der frischen Luft. Am wichtigsten aber ist, dass du an mich glaubst und in deinem Denken und Handeln Raum für mich schaffst.«

Mars-Check
Wie gut setzt man sich mit diesem Mars durch? Auf den Mund gefallen ist man mit ihm auf keinen Fall.
Wie aggressiv macht dieser Mars? Man schimpft höchstens einmal kräftig.
Wie viel Sexpower bekommt man mit ihm? Sex macht Spaß. Man hat viel Lust dazu, übertreibt's aber nicht.

Mars im Zeichen Krebs – Gefühlvoll
Marsstärken Emotional, eruptiv
Marsschwächen Schwierig, gebremst, »zickig«

Die Botschaft des Mars lautet: »Wir beide haben es nicht ganz leicht miteinander. Das Wasser des Krebszeichens kann mein Feuer zum Erlöschen bringen. Dann bist du ein Mensch, der Schwierigkeiten hat, seinen Willen durchzubringen, notfalls mal die Ellenbogen einzusetzen, sich zu behaupten. Denn das sind die Eigenschaften, die ich verleihe. Zugleich aber bist du vermutlich innerlich gespannt, spürst Wut, Frustration und Ungenügen und kannst damit aber nicht richtig herausrücken. Du kannst allerdings auch diese feurigen Eigenschaften in dir transformieren. Du wirst jedoch nicht so direkt und forsch handeln, wie es diese Attribute ungebremst ermöglichen würden. Dafür besitzt du dann aber ein tiefes Gefühlsleben. Du bist so in positivster Weise ein Mensch, der tief in sich hineinschaut und seine Seele wie auch die anderer kennt.

Wenn du mich so lebst und erlebst, bist du ein rezeptiver, kreativer Mensch, einer, der durch sein Mitschwingen mit anderen und sein psychologisches Gespür am Ende genauso viel erreicht wie Menschen mit anderen Marspositionen. Allerdings kann es auch sein, dass ich bei dir noch ein Schattendasein führe. Du schätzt mich nicht und versuchst, mich durch effektiveres Verhalten zu ersetzen. Nur funktioniert das so eben nicht: Am Ende wirst du noch unsicherer sein.

Steh zu mir, deinem Mars! Lebe mich mit all meinen Widersprüchen. Befass dich mit Psychologie. Das hilft dir, dich selbst besser zu verstehen.«

Mars-Check
Wie gut setzt man sich mit diesem Mars durch? Es fällt einem schwer, sich auf direktem Weg durchzusetzen.
Wie aggressiv macht dieser Mars? Es dauert eine Weile, bis man wütend wird, dann aber richtig.
Wie viel Sexpower bekommt man mit ihm? Man ist sehr erotisch, wenn man sich sicher fühlt.

Mars im Zeichen Löwe – Imposant
Marsstärken Selbstbewusst, herzlich, stolz
Marsschwächen Selbstsüchtig, eitel

Die Botschaft des Mars lautet: »Du verfügst über doppeltes Feuer. Ich, der feurige Planet, begegne dem Löwen, einem dem Element Feuer zugehörenden Zeichen. Feuer trifft also auf Feuer, vereinigt sich, wird zur lodernden Flamme. Da Feuer ein Symbol gleichermaßen für Tatkraft wie geistige Regsamkeit ist, musst du ein dynamischer, unternehmungsfreudiger Mensch sein, dessen Wirken

durchdrungen ist von geistiger Weitsicht und Größe. Deinen hohen Ansprüchen, mit denen du um die Durchsetzung deiner Ziele kämpfst, stehen eine einnehmende Herzlichkeit und eine lockere, beinah spielerische Haltung gegenüber. Man könnte meinen, deine Erfolge fielen dir einfach in den Schoß. Aber du bekommst nichts ›gratis‹. Du bist dem Leben und anderen Menschen gegenüber immer hilfsbereit und großzügig, und das gibt dir das Leben zurück. Solltest du dich in diesem Bild nicht wiederfinden und dich vom Leben eher benachteiligt als beschenkt fühlen, führe ich bei dir ein Schattendasein. Du hast mich noch gar nicht richtig entdeckt und kannst mich daher nicht ausleben.
Was dir hilft, mich in Gang zu bringen, ist Bewegung, Tanz, aktiver Sport. Vor allem aber musst du direkter, spontaner und selbstbewusster werden. Du musst dich mit mir in deinem Inneren verbinden – es ist alles da, was du dazu benötigst.«

Mars-Check
Wie gut setzt man sich mit diesem Mars durch? Das bereitet überhaupt keine Probleme.
Wie aggressiv macht dieser Mars? Man lässt sich nicht leicht aus der Ruhe bringen. Ist es aber einmal so weit, dann kracht's.
Wie viel Sexpower bekommt man mit ihm? Starken Partnern schenkt man alles. Schwächlinge schläfern ein.

Mars im Zeichen Jungfrau – Bedacht
   Marsstärken Geistig fit, vernünftig, aktiv,
   arbeitsmotiviert, fleißig
   Marsschwächen Zwanghaft, überängstlich

Die Botschaft des Mars lautet: »Feuer und Erde verbinden sich, wenn ich bei der Jungfrau, einem Erdzeichen, Station mache. Feuer und Erde zusammen wecken Aktivität, Arbeitswillen, Genauigkeit und Realitätssinn. Dein Feuer gleicht einer anhaltenden Glut. Das formt dich zu einem Menschen, der gern und gut arbeitet, ausdauernd und präzise ist, strategisch vorgeht und sich nicht unüberlegt in seine Arbeit stürzt. Diese Konstellation macht dich auch vorsichtig. Das kann unter Umständen in Kleinlichkeit und Angst ausarten. Ebenso mag eine übertrieben kritische Haltung sich selbst und anderen gegenüber die Folge sein. Du brauchst daher ein Ventil, etwas, was dir erlaubt, mich ohne zu viel Kontrolle und Analyse ausleben zu können, zum Beispiel beim Sport oder anderen körperlichen Aktivitäten. Auch riskante Freizeitbeschäftigungen (Paragliding, Klettern) sind für uns beide geeignet: Du passt nämlich gut auf dich auf, und meinen Ansprüchen geschieht Genüge. Das wiederum kommt, zusammen mit der Jungfrauenergie, deinem Schaffen zugute.

Du solltest auch einen Weg finden, deine Wut und deine Verletzungen besser zu zeigen. Du neigst nämlich dazu, deine Aggressionen zu unterdrücken und irgendwo zu ›bunkern‹ – bis dann das Maß voll ist und du wegen einer Kleinigkeit explodierst.«

Mars-Check
Wie gut setzt man sich mit diesem Mars durch? Das fällt leider nicht leicht.
Wie aggressiv macht dieser Mars? Es dauert eine ganze Weile, bis es zur Explosion kommt.
Wie viel Sexpower bekommt man mit ihm? Man ist weder Hengst noch Schnecke. Auf jeden Fall macht Erfolg sexy.

Mars im Zeichen Waage – Charmant
   Marsstärken Lebhaft, gesellig, beliebt, ausgleichend, korrekt
   Marsschwächen Ausschweifend, untreu, unmäßig

Die Botschaft des Mars lautet: »In dieser Position vereinigen sich mein Feuer und die Luft der Waage. Davon profitieren beide Elemente, und sie werden aufgewertet. Du bist daher ein leichter, ›luftiger‹ Mensch von sanguinischem Temperament und besitzt die Gabe, andere rasch für dich einzunehmen. Dein Auftreten ist charmant, einfühlsam, zuvorkommend. Ein weiteres Plus dieser Position ist ein guter Geschmack und künstlerisches Talent.

Mit mir im Zeichen Waage wirst du zu einem Streiter für Frieden und Ausgleich. Wo immer Ungerechtigkeiten und Zwietracht herrschen, fühlst du dich aufgerufen, zu schlichten und zu versöhnen. Zuweilen breche ich aber auch bei dir in all meiner Heftigkeit durch, nämlich dann, wenn du zu lange versucht hast, mich zu kontrollieren und zu unterdrücken.

Mit mir kommt auch dein Denken schwer in Gang. Du glaubst, alle Probleme mit dem Kopf lösen zu können. Wichtig ist, dass du dir für ›deinen Mars‹ ein Ventil suchst. Man kann mich nicht zu permanenter Friedfertigkeit verdonnern. Aber wenn du mich anderweitig lebst, beim Sport, bei abenteuerlicher Freizeitgestaltung, dann gelingt es dir besser, mich für deine pazifistischen Missionen einzuspannen.«

Mars-Check
Wie gut setzt man sich mit diesem Mars durch? Als guter Taktiker beißt man sich durch.
Wie aggressiv macht dieser Mars? Der Grundtenor ist friedlich. Gelegentliche Eruptionen sind nicht ausgeschlossen.
Wie viel Sexpower bekommt man mit ihm? Sex ist da. Gesucht aber wird geistiges Verstehen.

Mars im Zeichen Skorpion – Leidenschaftlich
Marsstärken Kraftvoll, ausdauernd, hartnäckig, furchtlos, mutig
Marsschwächen Lasterhaft, rachsüchtig

Die Botschaft des Mars lautet: »Dir steht durch mich eine besondere, eine starke, vitale Kraft zur Seite. Du bist ausgesprochen zäh, wenn es um die Verwirklichung eines Zieles geht, an dem dir auch emotional liegt. Selbst Mühen und Unannehmlichkeiten, mit denen sich andere Menschen nicht belasten würden, nimmst du dann gern in Kauf. Nicht verwunderlich, dass diese Hartnäckigkeit mitunter zu außerordentlichen Leistungen führt! Dennoch bist du kein Kraftprotz, einer, der die Muskeln spielen lässt und bei jeder Gelegenheit zeigen will, was er draufhat.

Der Skorpion ist vom Element her ein Wasserzeichen. Daher ist meine Kraft nicht auf äußere Wirkung aus. Meine Power geht nach innen. Diese Position führt dazu, dass du instinktmäßig weißt, wann dein Einsatz erforderlich ist, wann etwas Bedeutsames und Wichtiges ansteht und erledigt werden muss: Dann wirst du zum ›Helden‹. Daher ist dir zu raten, entsprechende Herausforderungen zu suchen und anzunehmen. Nur dann stehe ich voll auf deiner Seite. Ohne solche Kicks wirst du eher müde und lustlos reagieren. In der Verbindung zwischen Skorpion und mir besteht eine starke Neigung zur Zerstörung. Das ist immer dann gut, wenn etwas alt, verbraucht, überholt und ein neuer Anfang angezeigt ist. Aber hüte dich vor sinnloser Destruktion!

Mit dieser Konstellation verfügst du auch über eine kolossale Sexpower. Du bist leidenschaftlich, triebstark und letztendlich beseelt von der Idee, Nachwuchs in die Welt zu setzen.«

Mars-Check
Wie gut setzt man sich mit diesem Mars durch? Man operiert mit seiner Power indirekt und drückt so seinen Willen durch.
Wie aggressiv macht dieser Mars? Der Zerstörungskraft sind kaum Grenzen gesetzt.
Wie viel Sexpower bekommt man mit ihm? Mehr als alle anderen.

Mars im Zeichen Schütze – Temperamentvoll

Marsstärken Schlagfertig, gerecht, begeisterungsfähig, klar und offen
Marsschwächen Streitbar, aggressiv, beleidigend

Die Botschaft des Mars lautet: »Hier trifft Feuer auf Feuer, denn sowohl ich als auch der Schütze sind ihrer Natur nach feurig. Eine lodernde Flamme entsteht. Und im Zeichen Schütze manifestiere ich mich mit besonderer Intensität. Da Feuer ein Symbol gleichermaßen für Tatkraft wie geistige Regsamkeit ist, wirst du ein dynamischer, unternehmungsfreudiger Mensch, dessen Wirken durchdrungen ist von geistiger Weitsicht und Größe. Dein Handeln und Wirken wird stark von Idealen geleitet: von Gerechtigkeit, Ritterlichkeit und Fairness. Du bist leicht zu begeistern und, einmal in Schwung, kaum zu bremsen. Was du brauchst, ist ein Ziel, eine Hoffnung, eine Perspektive, sonst erlischt dein Feuer.

Allerdings kann es auch sein, dass dein Mars noch ein Schattendasein führt, dass du mich noch gar nicht richtig entdeckt hast. Vielleicht meinst du, keineswegs feurig oder übermäßig aktiv zu sein, sondern erlebst dich eher als passiven Zeitgenossen. Dies hieße dann, dass du einen Teil deines Selbst negierst – und dich auf die Suche nach mir, deinem Mars, begeben solltest.

Was dir hilft, mich zu initiieren, sind Bewegung, Tanz, aktiver Sport und Reisen. Vor allem aber solltest du direkter, spontaner und selbstbewusster werden. Du musst dich mit mir in deinem Inneren verbinden. Es ist alles vorhanden, was du brauchst.«

Mars-Check

Wie gut setzt man sich mit diesem Mars durch? Das klappt gut, solange Fairness herrscht.
Wie aggressiv macht dieser Mars? Zu streiten lohnt sich nur für eine gute Sache.
Wie viel Sexpower bekommt man mit ihm? Mit Sex ist man dem Himmel nah.

Mars im Zeichen Steinbock – Hartnäckig
Marsstärken Verantwortungsvoll, geduldig, zäh, mutig, tatkräftig
Marsschwächen Eigenwillig, missmutig

Die Botschaft des Mars lautet: »Das ist eine Verbindung von Feuer und Erde, da der Steinbock zu den Erdzeichen zählt. Feuer und Erde zusammen wecken Arbeitswillen, Genauigkeit und Realitätssinn. Dein Feuer brennt nicht lichterloh (um sich dann rasch zu verzehren), sondern lang anhaltend wie eine wohlgeschürte Glut. Das macht dich zu einem Menschen, der gern und gut arbeitet, ausdauernd und präzise ist, strategisch vorgeht und sich nicht unüberlegt in seine Arbeit stürzt. Du bist auch extrem widerstandsfähig. Man kann dich mit einem Diamantbohrer vergleichen, der sich in eine Sache unaufhaltsam hineinfrisst. Und du bist erfolgreich. Du verfügst über die entsprechende Motivation und ein Gespür für Machtverhältnisse.

Diese Konstellation bedeutet aber auch, dass ein Wandel vonstattengehen muss. Aus einer impulsiven, feurigen, leicht erregbaren, leidenschaftlichen Energie wird eine kontrollier- und regelbare Kraft, die sich einer höheren Absicht fügt und dem Allgemeinwohl dient. Du darfst allerdings die ursprüngliche Qualität von mir, deinem Mars, nicht vollständig verlieren. Das würde zu Aggressionsstau und unter Umständen sogar zu gesundheitlichen Problemen führen.

Es ist also wichtig, dass du dir für die transformierten Eigenschaften ein Ventil suchst. Wenn du sie anderweitig lebst, beim Sport oder bei abenteuerlicher Freizeitgestaltung, dann gelingt es dir besser, mich für deine höheren Zwecke einzuspannen.«

Mars-Check
Wie gut setzt man sich mit diesem Mars durch? Harte Arbeit führt zum Ziel.
Wie aggressiv macht dieser Mars? Eigentlich ist man friedlich, lässt sich aber ungern provozieren.
Wie viel Sexpower bekommt man mit ihm? Wenn die Verhältnisse stimmen, kommt es zu Gipfelerlebnissen!

Mars im Zeichen Wassermann – Einfallsreich
Marsstärken Aufgeweckt, innovativ, selbständig, schöpferisch
Marsschwächen Prahlerisch, eingebildet

Die Botschaft des Mars lautet: »Es vereinigen sich Feuer (Mars) und Luft (Wassermann). Diese Kombination kommt beiden Elementen zugute und wertet sie auf. Du bist daher ein leichter, ›luftiger‹ Mensch, der über die Gabe verfügt, andere für sich einzunehmen. Dein Auftreten ist charmant, einfühlsam und zuvorkommend. Alltag, graues Einerlei, tägliche Routine sind dir ein Greuel. Du möchtest Neues erschaffen, eingefahrene Gleise verlassen, originell und schöpferisch sein. Freiheit ist für dich überaus wichtig. Du arbeitest besser, wenn dich nicht ständig jemand gängelt. Du bist der geborene ›Freelancer‹. Dein ausgeprägtes Improvisationstalent ermöglicht dir, originelle und unkonventionelle Lösungen zu finden, wenn du nicht durch Vorgaben eingeschränkt wirst. Auch in Beziehungen wird es schnell zu eng. Eine Ehe bereitet dir ebenfalls Probleme; du fühlst dich unfrei, wie ›eingesperrt‹.

Vielleicht aber entspricht diese Charakterisierung nicht deinem Selbstbild: Weder schätzt du dich als unabhängig oder freiheitsliebend noch als übermäßig schöpferisch ein. Dann ist zu vermuten, dass dein Mars noch auf seine Entdeckung wartet. Mach dich auf die Suche!

Was dir hilft, mich zu aktivieren, ist Bewegung, vor allem Tanz. Noch wichtiger aber wird es sein, unkonventioneller und spontaner zu werden. Du musst dich mit mir in deinem Inneren verbinden. Es ist alles da, was du dazu benötigst.«

Mars-Check
Wie gut setzt man sich mit diesem Mars durch? Genialität ist vorhanden, aber nicht unbedingt Durchsetzungskraft.
Wie aggressiv macht dieser Mars? Ein solches Verhalten ist undenkbar.
Wie viel Sexpower bekommt man mit ihm? Sex ist schön, aber längst nicht alles.

Mars im Zeichen Fische – Abwartend
Marsstärken Empfänglich, intuitiv, einfühlsam, kreativ
Marsschwächen Willensschwach, beeinflussbar, leicht zu täuschen

Die Botschaft des Mars lautet: »Mein Feuer und das Wasser der Fische treffen aufeinander. Das kann dazu führen, dass das Feuer zunächst einmal erlischt. Dann bist du ein Mensch, der Schwierigkeiten hat, seinen Willen durchzusetzen, die ›Ellenbogen‹ zu benutzen, sich zu behaupten – denn all dies sind Eigenschaften, die ich, der Planet Mars, verleihe. Gleichzeitig fühlst du dich jedoch innerlich gespannt, spürst Wut, Frustration und Ungenügen, aber du kannst damit nicht richtig herausrücken.

Es gibt allerdings auch die Möglichkeit, diese Qualitäten durch die Fischequalitäten zu transformieren. Du wirst dann zwar noch lange nicht so direkt und forsch handeln können, wie es die ungebremsten Eigenschaften ermöglichen würden. Dafür gewinnst du eine andere Fähigkeit, nämlich ein kolossales Gespür. Das Fischezeichen ist seinem Wesen nach transparent, es besitzt keine klaren Grenzen, versetzt daher in die Lage, sich universell zu vernetzen. Du hast also eine Art sechsten Sinn, spürst andere Menschen, die sich nicht einmal in der Nähe aufhalten.«

Mars-Check
Wie gut setzt man sich mit diesem Mars durch? Das macht Probleme. Es gelingt nur dann wirklich, wenn man von der Sache hundertprozentig überzeugt ist.
Wie aggressiv macht dieser Mars? Es dauert ewig, bis man aus der Haut fährt.
Wie viel Sexpower bekommt man mit ihm? Sex ist wunderbar, aber er ist nicht alles.

Jupiter – Innerlich und äußerlich reich

Die Bedeutung Jupiters

Nachts, wenn Venus nicht mehr (oder noch nicht) am Himmel leuchtet, ist Jupiter eins der hellsten Gestirne überhaupt. Kein Wunder daher, dass er unseren Vorfahren, die der Nacht in viel umfassenderem Maße ausgeliefert waren als wir heute in unserer künstlich erhellten Zeit, ein Symbol für Hoffnung, Trost, Stimmigkeit und Gerechtigkeit war. Oft verband man ihn mit der obersten Gottheit. So auch in der griechischen Mythologie, auf die sich die Symbolik der Astrologie entscheidend bezieht. Jupiter heißt bei den Griechen »Zeus«, und über ihn gibt es unzählige Mythen. So war er es, der gegen seinen grausamen Vater Saturn(us) bzw. Kronos, den obersten der Titanen, antrat und ihn besiegte. Saturn hatte nämlich außer Zeus alle seine Nachkommen aufgefressen, weil ihm geweissagt worden war, dass ihn eines seiner Kinder vom Throne stoßen würde. Rheia, Zeus' Mutter, versteckte ihren Sohn vor dem Vater, und die Prophezeiung erfüllte sich: Zeus entthronte ihn und warf ihn in den Tartaros.
Andere Geschichten über Jupiter/Zeus erzählen eher Delikates. So gelüstete es den obersten Gott immer wieder nach weltlichen Frauen, die er durch List dazu brachte, mit ihm zu schlafen und Kinder von ihm zu empfangen. Bei Leda zum Beispiel verwandelte er sich in einen Schwan und zeugte mit ihr Pollux. Auch Herakles und Dionysos entstammten seinem gemeinsamen Lager mit sterblichen Frauen. Gezeugt durch den unsterblichen Jupiter, erlangten seine Kinder ebenfalls das ewige Leben.
Die Position Jupiters im Horoskop verweist daher einerseits auf tiefe Einsichten: Jupiter sorgt dafür, dass einem »ein Licht aufgeht«, man letzten Endes weise wird. Auf der anderen Seite verkörpert er eine Gestalt, der eine unendlich große Liebe zukommt. Sinnbildlich gesprochen, sehnt sich der Mensch danach, sich mit dem göttlichen Jupiter zu vereinigen, um Kinder (symbolisch für Ideen und Taten) zu gebären, die unsterblich sind.

Des Weiteren symbolisiert Jupiter den großen Helfer, Heiler und Versöhner. Dort, wo er im Horoskop steht, findet der Mensch Kräfte, sich und andere zu trösten und zu stärken. Am bekanntesten ist Jupiter in der Astrologie aber deswegen, weil er das Glück verheißt.

♃ Das astrologische Symbol Jupiters besteht aus einem Halbkreis (er repräsentiert seelische Empfänglichkeit) und einem Kreuz, das wieder die Materie symbolisiert. Der Halbkreis neben dem Kreuz bedeutet: Das Seelische und die Materie gelten als gleichwertig, keines überragt das andere.

Wie zuvor bei Aszendent, Mond, Venus und Mars lässt sich die genaue Jupiterposition eines Horoskops mit Hilfe der Website des Autors ermitteln (www.bauer-astro.de).

Der Stier und seine Jupiterzeichen

Jupiter im Zeichen Widder – Das Glück der Inspiration
Jupiterstärken Selbstvertrauen, Optimismus
Jupiterschwächen Prahlerei

Die Botschaft Jupiters lautet: »Glück ist für dich die Möglichkeit, deinen Willen und deine Impulse spontan und unmittelbar umsetzen zu können. Du bist ein Abenteurer, in Wirklichkeit wie im Geiste. Du möchtest wie Kolumbus die Welt entdecken. Und wie Einstein, Hildegard von Bingen oder Galileo Galilei den Gipfel menschlicher Erkenntnis erreichen. Wenn du dich bewegst, geistig wie körperlich, bist du deinem Schöpfer am nächsten. Stillstand hingegen führt zur Resignation; du fühlst dich fern vom großen Ganzen.

Durch deine optimistische und positive Weltauffassung bist du dafür bestimmt, anderen voranzugehen oder ihnen den Weg zu weisen. Es schlummert auch ein Heiler und Prophet in dir, der im Laufe deines Lebens geweckt werden will. Bevor du allerdings selbst ein Heiler sein kannst, brauchst du Persönlichkeiten, die dir auf deinem Weg ein Vorbild sind. Mit der Gabe, andere zu führen, musst du behutsam umgehen. Hüte dich davor, sie zu blenden oder sich über ihr Unwissen zu erheben. Du darfst die Demut nie verlieren, und du darfst nicht vergessen, dass du selbst auch ein Suchender bist.«

Jupiter-Check
Wie wird man mit Jupiters Hilfe innerlich und äußerlich reich?
Durch Handeln, Reisen, Unternehmungen, Initiativen.
Wie lässt sich mit diesem Jupiter helfen und heilen? Durch Körpertherapie, Yoga, Sport, Wärme, Motivation anderer, tatkräftiges Unterstützen, Zusprechen von Mut.

Jupiter im Zeichen Stier – Das Glück der Erde
Jupiterstärken Geduld, Großzügigkeit
Jupiterschwächen Bequemlichkeit

Die Botschaft Jupiters lautet: »Dein Glück liegt im ungestörten Genuss. Überfluss und Sicherheit bedeuten für dich die Erfüllung deiner Wünsche. Du bist geduldig. Wie ein Gärtner sorgfältig Samen und Pflanzen hegt, damit sie zur vollen Größe heranwachsen können, so überwachst du dein Hab und Gut, deine Anlagen und Talente und entwickelst sie zur vollen Reife. Der Vergleich mit dem Gärtner ist auch in anderer Hinsicht passend. Denn du liebst die Natur. Eine Waldlichtung im Frühling erscheint dir wie ein Dom, und du bist deinem Schöpfer vielleicht näher als in einer Kirche. Die Natur zeigt die Ordnung, Stimmigkeit und Erfüllung. Und die Natur heilt. Sie heilt dich, wenn du erschöpft oder krank bist. Du brauchst dich nur unter einen Baum zu legen, und du fühlst dich sofort besser. In der Natur findest du aber auch die Stoffe, um andere zu heilen. Nahrung, Heilkräuter, homöopathische Essenzen: Alles erhält durch Jupiter eine höhere Potenz, heilt und macht ganz.

Wovor du dich hüten musst, ist, Besitz zu horten. Ein Baum sammelt nicht die Erde, die ihn hält, er benutzt sie, um in den Himmel zu wachsen.«

Jupiter-Check
Wie wird man mit Jupiters Hilfe innerlich und äußerlich reich?
Durch Geduld und Nähe zur Erde. Durch materiellen Wohlstand. Durch Liebe und Sinnlichkeit.
Wie lässt sich mit diesem Jupiter helfen und heilen? Mit den Heilkräften der Natur.

Jupiter im Zeichen Zwillinge – Das einfache Glück
Jupiterstärken Begeisterungsfähigkeit
Jupiterschwächen Ruhelosigkeit

Die Botschaft Jupiters lautet: »Dein Glück findest du im Alltäglichen, auf einem Wochenmarkt, im Zug, bei einer Unterhaltung mit Freunden und Bekannten. Aber auch zu Menschen, die du noch nicht kennst, findest du rasch einen Bezug und große Nähe. Dieses ›kleine Glück‹ bedeutet dir mehr, als nach großer und absoluter Erfüllung zu suchen. Du verfügst über eine enorme sprachliche Begabung, kannst gut schreiben, formulieren und sprechen.
Um dich wohl zu fühlen, brauchst du die Geselligkeit, verbalen Austausch und lebendige Kommunikation. Unter Menschen findest du zu dir und fühlst dich aufgehoben. Allein hingegen verlierst du deine innere Sicherheit und den tiefen Glauben, dass alles sinnhaft ist und von einem höheren Willen getragen wird. Daher ist es auch deine Aufgabe, andere miteinander zu verbinden, damit sie sich nicht als isoliert erleben. Der Mensch ist ein soziales Wesen. Er wächst in einer Familie auf, schafft sich später seine eigene Familie, seine Arbeitswelt, seine Freunde. Du bist auf der Welt, um andere aus ihrer Einsamkeit zu befreien, in die sie irrtümlicherweise geraten sind.«

Jupiter-Check
Wie wird man mit Jupiters Hilfe innerlich und äußerlich reich? Im Kleinen, in den Dingen, die sich im Umfeld befinden. Und in der Begegnung mit anderen.
Wie lässt sich mit diesem Jupiter helfen und heilen? Durch gute Worte, aufmunternden Zuspruch, durch Zuhören und Teilnahme. Durch Verbinden und Vernetzen.

Jupiter im Zeichen Krebs – Das Glück der Geborgenheit
Jupiterstärken Suggestivwirkung, Phantasie
Jupiterschwächen Gefühlspathos, Missbrauch

Die Botschaft Jupiters lautet: »Wenn du fühlst, bist du. Man kann dich einen ›Seelentaucher‹ nennen, denn deine liebste Beschäftigung ist es, dich in deine eigene oder die Seele anderer zu vertiefen. Eine gesunde und heile Psyche ist für dich unerlässlich, um zufrieden zu sein. Auch Menschen aus deinem Umfeld wenden sich an dich, weil sie intuitiv spüren, dass du ihnen helfen kannst, ihr Innenleben zu heilen.
In der Familie siehst du den Anfang allen Glücks, aber auch allen Elends. Sosehr du sie schätzt, so fern liegt es dir, nur dein eigenes Nest zu bewundern. Im Gegenteil, fremde Sitten und Gewohnheiten sind dir ebenso wichtig wie die eigenen. Am liebsten würdest du in einer Gemeinschaft leben, die von Menschen unterschiedlichster Herkunft getragen wird.
›Geborgenheit‹ ist für dich kein leeres Wort, sondern ein anderer Ausdruck für ›Erfüllung‹, ›Heimat‹, ›Göttlichkeit‹ und ›Ewigkeit‹. Wie ein Seismograph erspürst du daher Unstimmigkeiten in deinem Umfeld, die disharmonisch sind und den Frieden stören können. Deine großen heilerischen Fähigkeiten ermöglichen es, solche Störungen sichtbar zu machen. Hüten musst du dich aber davor, als Retter aufzutreten. Du bist wahrhaftig, wenn du alles einfach nur geschehen lässt.«

Jupiter-Check
Wie wird man mit Jupiters Hilfe innerlich und äußerlich reich? Im Fühlen, in der Liebe, im Geben, in der Familie, in der Vergangenheit, bei den Ahnen.
Wie lässt sich mit diesem Jupiter helfen und heilen? Durch aufdeckende Gespräche.

Jupiter im Zeichen Löwe – Das Glück der Herzensfreude

Jupiterstärken Herzenswärme, Großmut
Jupiterschwächen Eitelkeit, Dünkel

Die Botschaft Jupiters lautet: »Glück bedeutet für dich, dass du die Möglichkeit hast, spontan und großzügig schenken zu können. Äußere Werte sind dir deshalb nicht unwichtig, denn nur wer hat, kann auch geben. Aber du bist absolut kein Materialist, im Gegenteil: Wenn du nach Macht und Einfluss strebst, dann nicht in erster Linie um persönlicher Vorteile willen, sondern weil du überzeugt bist, anderen etwas geben zu können. Du verbreitest Optimismus. Deine Bestimmung ist es, anderen die Freude am Leben zu zeigen. So wie ich, dein Jupiter, einst die Schreckensherrschaft Saturns beendet habe und den Menschen eine gütigere, gerechtere Zeit brachte, so bist du auf der Welt, um Menschen zu erheitern, Sorgen und Kummer zu vertreiben.
Hüten musst du dich vor Stolz und Überheblichkeit. Bleib gütig! Trag das Feuer der Freude unter die Menschen, aber achte darauf, dass du niemanden damit verbrennst!«

Jupiter-Check
Wie wird man mit Jupiters Hilfe innerlich und äußerlich reich? Durch lebendige Teilnahme am Leben, Großzügigkeit und die Kraft des Herzens.
Wie lässt sich mit diesem Jupiter helfen und heilen? Indem man anderen das Leben als nährenden Urgrund zeigt, als göttlichen Spielplatz.

Jupiter im Zeichen Jungfrau – Das Glück der Unschuld
Jupiterstärken Engagement, Bescheidenheit
Jupiterschwächen Zersplitterung

Die Botschaft Jupiters lautet: »Glück ist für dich die einfachste Sache der Welt, es liegt vor der Tür, es braucht nur gefunden und aufgehoben zu werden. Einzige Voraussetzung: Man muss unschuldig sein wie ein Kind. Du bist daher auch kein Freund großangelegter und sich ewig hinziehender Expeditionen auf der Suche nach dem Glück. Entweder es ist hier – oder nirgends.
Insbesondere die Natur ist dir ein genialer Lehrmeister. Die Folge der Jahreszeiten, das Ineinandergreifen von Phasen des Wachstums und der Stagnation: Das alles ist für dich ein Ausdruck göttlicher Ordnung, die sich tagtäglich und jahraus, jahrein wiederholt. Auf besondere Weise faszinieren dich aber auch die Vorgänge im Zusammenhang mit dem menschlichen Körper. Dieses tagtägliche Wunder von Nahrungsaufnahme und Verwandlung in Leben, das Zusammenwirken Tausender Prozesse – all dies sind für dich sinnhafte Beweise göttlichen Wirkens.
Deine Kenntnisse befähigen dich zum Heiler. Schon durch deine Nähe initiierst du bei anderen die Genesung. Wovor du dich hüten musst, ist, dein Wissen zu missbrauchen. Wirke durch gutes Beispiel und nicht durch Besserwisserei!«

Jupiter-Check
Wie wird man mit Jupiters Hilfe innerlich und äußerlich reich? Im alltäglichen Tun, bei der Arbeit, im Gefühl der Ordnung.
Wie lässt sich mit diesem Jupiter helfen und heilen? Durch bewusste Ernährung, das Studium von Körper und Geist und Lernen von der Natur.

Jupiter im Zeichen Waage – Das Glück der Liebe
Jupiterstärken Toleranz, Lebenskunst
Jupiterschwächen Eitelkeit, Genusssucht

Die Botschaft Jupiters lautet: »Glück findest du in der Kraft der Liebe. Du brauchst nicht einmal selbst unmittelbar daran teilzuhaben. Auch wenn andere Menschen sie entdecken, fühlst du dich angenommen, zu Hause, eins mit der Schöpfung. Noch göttlicher ist es natürlich, wenn Amor dich selbst trifft. Auf einer Wolke schwebst du, im Paradies bist du angekommen … Liebe ist deiner Meinung nach Ursprung und Ziel allen Seins. Gott ist die Liebe, und das Leben entspringt aus ihr. Der Liebe gibst du alles. Umgekehrt beschenkt sie dich auch. Du kannst andere tief berühren, trösten, erfreuen und aufbauen.

Auch der Kunst gehört dein Herz. Allerdings zählt für dich nur das dazu, was von Liebe getragen ist und Harmonie und Stimmigkeit ausdrückt. Im Grunde schlummert in dir selbst ein Künstler, der darauf wartet, seine Fähigkeiten zum Fließen bringen zu können. Wovor du dich hüten musst, ist, dich von Liebe und Harmonie einlullen zu lassen. Alles im Leben hat zwei Seiten. Zur Liebe gehört Auseinandersetzung und zur Harmonie Spannung. Nur wenn du das Gleichgewicht zwischen beiden Seiten findest, ist die Liebe vollendet.«

Jupiter-Check
Wie wird man mit Jupiters Hilfe innerlich und äußerlich reich? Indem man verzeiht, liebt, empfangen und geben kann.
Wie lässt sich mit diesem Jupiter helfen und heilen? Allein die Nähe heilt, und Berührungen sind eine Wohltat.

Jupiter im Zeichen Skorpion – Das Glück der Tiefe
Jupiterstärken Tiefgründigkeit, Spiritismus
Jupiterschwächen Exaltiertheit, Despotismus

Die Botschaft Jupiters lautet: »Glück findet sich deiner Meinung nach auf dem Grund aller Dinge, nicht an der Oberfläche. Dieses Wissen habe ich dir verliehen. Du sollst es weiterverbreiten. Was die Welt zusammenhält, ist der ewige Kreislauf von Zeugung, Geburt, Leben und Tod. Alles war schon immer, und alles wird immer sein. Daher musst du dich in besonderer Weise solcher Angelegenheiten annehmen, die ausgegrenzt werden aus dem Ganzen, aber dazugehören. Zum Beispiel ist für dich der Schatten ein notwendiger Teil des Lichts. Du fühlst dich daher veranlasst, dich für Schwächere einzusetzen oder aus der Gesellschaft Ausgeschlossene zu unterstützen. Du weißt instinktiv, dass es dem Leben schadet, wenn nicht alle Seiten integriert werden.

Mein heilendes Jupiterfeuer lodert in dir sehr stark. Wie Pollux einst seinem toten Bruder Castor in die Unterwelt folgte, um ihn zu retten, bist du bereit, die größten Unannehmlichkeiten auf dich zu nehmen, damit das Leben keinen Teil verliert. Du bist daher der geborene Retter und Heiler, gleich, ob du diese Gaben in einem Beruf ausübst oder sie als selbstverständlichen Beitrag in deinen Alltag einbringst. Wovor du dich hüten musst, ist, dem Dunklen und Schatten zu sehr zu verfallen – und das Helle nicht mehr klar zu sehen.«

Jupiter-Check
Wie wird man mit Jupiters Hilfe innerlich und äußerlich reich?
Indem man das Offensichtliche hinterfragt, in die Tiefe geht, abwartet und einfach *ist*.
Wie lässt sich mit diesem Jupiter helfen und heilen? Indem man sich derer annimmt, die ein Schattendasein führen.

Jupiter im Zeichen Schütze – Das Glück der Weisheit

Jupiterstärken Idealismus, Glaube, religiöse Erfahrung, Sinnsuche
Jupiterschwächen Schwärmerei, Naivität, Dogmatismus

Die Botschaft Jupiters lautet: »Du bist auf der Welt, um das Glück zu suchen. In dir lebt die Geschichte aller fahrenden Völker fort, der Nomaden und Boten, herumziehenden Bader, Gaukler, Barden und Geschichtenerzähler. Letztlich ist es die Suche nach dem Heiligen Gral, nach Erleuchtung, der blauen Blume, der Quintessenz der Alchemie. Glaube ist für dich Realität, Gott ist nicht irgendwo unerreichbar, sondern überall. Auf dem Weg zu sein ist für dich das Ziel.

So verbreitest du die Wahrheit des Vielen und nicht die des Einen. Deswegen bist du so tröstlich für diese Welt: Denn du hast immer noch eine Perspektive, siehst immer noch eine Möglichkeit. Nichts ist für dich aussichtslos: Viele Wege führen nach Rom, und kein Problem ist so groß, dass es nicht doch eine Lösung gäbe.

Das Feuer, das ich, dein Jupiter, dir in die Hände gebe, heißt Weisheit. Wovor du dich allerdings hüten musst, ist, das Kind mit dem Bade auszuschütten. In deinem heilsamen Krieg gegen die Blindheit der Menschen läufst du Gefahr, selbst blind und einseitig zu werden.«

Jupiter-Check

Wie wird man mit Jupiters Hilfe innerlich und äußerlich reich? Durch die Suche nach Sinn und Göttlichkeit.
Wie lässt sich mit diesem Jupiter helfen und heilen? Durch eine Lebensweise, die Hoffnung verbreitet.

Jupiter im Zeichen Steinbock – Das Glück des Erfolgs
Jupiterstärken Führungsqualität, Ausdauer
Jupiterschwächen Lehrmeisterei

Die Botschaft Jupiters lautet: »Glück ist für dich, deine Arbeit getan zu haben und Ruhe und Sammlung dankbar zu genießen. Glück ist für dich aber auch, sich einer Sache vollständig zu verschreiben, ihr zu gehören, bis sie vollbracht ist. Darin gleichst du einem Bergsteiger, der nicht eher ruht, als bis er auf dem Gipfel steht und dort nach dem nächsten Ausschau hält. Du bist ein Mensch, der sich selbst antreiben und motivieren kann.
Ich, dein Jupiter, befähige dich auch, zu einem Führer zu werden, einer, der anderen vorausgeht. Um das zu leisten, was dein Karma ist, brauchst du Kraft, Ausdauer und Zähigkeit. Du bist hart zu dir selbst, weil du weißt, dass deine Ziele keine Schonung dulden. Das Gleiche erwartest du allerdings auch von anderen, was manchmal dazu führt, dass diese dich fürchten und dir aus dem Weg gehen. Daher ist es für dich wichtig, zu erkennen, dass nicht alle Menschen aus dem gleichen (harten) Holz geschnitzt sind wie du. Entwickle Geduld, Nachsicht und Toleranz für deine Mitmenschen, und du wirst eines Tages den höchsten Berg bezwingen, nämlich den der Weisheit.«

Jupiter-Check
Wie wird man mit Jupiters Hilfe innerlich und äußerlich reich? Durch Arbeit und Übernahme von Verantwortung, durch Demut.
Wie lässt sich mit diesem Jupiter helfen und heilen? Durch vorbildliches Verhalten, durch richtige Führung.

Jupiter im Zeichen Wassermann – Das Glück des Wandels
Jupiterstärken Humanismus, Toleranz
Jupiterschwächen Autoritätskonflikte

Die Botschaft Jupiters lautet: »Glück ist für dich das Gefühl, vorwärtszuschreiten, nicht stehen zu bleiben und deinen Idealen von einer gerechten, liebevollen Welt näherzukommen. Du unterstellst dich selbst dem Fortschritt, arbeitest, und wenn es nötig ist, kämpfst du für ihn. Es geht dir nicht um deine eigene Zukunft. Du bist ein Philanthrop, ein Menschenfreund, der an das Gute glaubt. Dabei unterstützt du Eigenverantwortung und Autonomie. Hilfe zur Selbsthilfe: So lautet dein Programm. Es fällt dir schwer, dich in eine Hierarchie einzuordnen. Ungleichheit zwischen den Menschen ist für dich ein Greuel. Die Kraft deines Glaubens an eine positive Zukunft macht dich für diesen Planeten so wichtig. Denn deinen Visionen ist es zu verdanken, dass die Welt nicht stehen bleibt, sondern sich immer weiterentwickelt.

Wovor du dich in Acht nehmen musst, ist, das Alte nicht völlig zu verwerfen. Du beraubst dich sonst deiner eigenen Wurzeln. Dann aber wird auch der Fortschritt illusorisch.«

Jupiter-Check
Wie wird man mit Jupiters Hilfe innerlich und äußerlich reich? Durch Arbeit für eine bessere Zukunft.
Wie lässt sich mit diesem Jupiter helfen und heilen? Durch Vermittlung neuer Perspektiven, durch solidarische Unterstützung und Veränderung.

Jupiter im Zeichen Fische – Das Glück des Seins
Jupiterstärken Liebe, Mitgefühl, Intuition
Jupiterschwächen Helfersyndrom

Die Botschaft Jupiters lautet: »Glück bedeutet für dich, eins zu sein mit der Schöpfung – ähnlich einem Tropfen, der ins Meer fällt und eins wird mit dem Ganzen. Dein Leben richtet sich nach dem Ideal der Selbstlosigkeit und dem Zurückstellen eigener Bedürfnisse hinter das Wohlergehen des größeren Ganzen. Soziales Engagement ist für dich kein politisches Schlagwort, sondern selbstverständliche Lebensqualität. Du bist sensibel, empörst dich über Ungerechtigkeit und Lieblosigkeit. Ich, dein Jupiter, verleihe dir eine besondere Magie, die Leid und Traurigkeit auflösen kann. Du tust aber gut daran, diese Fähigkeit weiterzuentwickeln, indem du zum Beispiel Heilpraktiker wirst oder dich mit Themen beschäftigst, die deine Anlagen fördern.

Da du dich oft an großen Idealen orientierst, macht dir der Umgang mit der unmittelbaren, konkreten Wirklichkeit mitunter Mühe. Des Weiteren ist es wichtig, dass du dich als Helfer nicht ausnutzen lässt. Du musst lernen, dich abzugrenzen.«

Jupiter-Check
Wie wird man mit Jupiters Hilfe innerlich und äußerlich reich?
Durch Hingabe an das, was ist, durch Liebe des Ganzen.
Wie lässt sich mit diesem Jupiter helfen und heilen? Es sind große heilerische Fähigkeiten vorhanden, die aber gefördert werden sollen.

Saturn – Zum Diamanten werden

Die Bedeutung Saturns

Früher galt Saturn in der Astrologie weithin als Übeltäter, als Verkörperung des Schlechten und Bösen. Er scheint es darauf abgesehen zu haben, uns das Leben so schwer wie irgend möglich zu machen. Wie der Drache im Märchen verkörpert er Gefahr, Schrecken, ja, zuweilen sogar den Tod. Daher finden sich alte Darstellungen, auf denen Saturn häufig als Knochengerüst mit Sense zu sehen ist, das alles erbarmungslos niedermäht. Saturn kennt kein Mitleid, keine Gnade. Er wirft den Menschen ihr Schicksal vor die Füße – und es bleibt nichts anderes, als es zu nehmen und zu tragen.

Heutzutage wird seine Wirkung positiver gesehen: Wenn Saturn einen noch so sehr plagt, schikaniert, an den Abgrund heranführt, dann hilft er ebenso, sich gegen die Unbilden des Schicksals zu wappnen. Er »schmiedet« den Menschen, macht ihn hart, widerstandsfähig und ausdauernd. Wer immer etwas Großes erreicht in seinem Leben, der schafft es mit Hilfe Saturns und seiner (oft) grausamen Wechselbäder. Da, wo im Horoskop der Planet Saturn steht, muss der Mensch also lernen, in die Schule gehen, dort wird er gestreckt und zusammengeschoben, kritisiert und tyrannisiert, trainiert und behindert – bis er nahezu Perfektion erlangt: Vollkommenheit und Reinheit. Vom Rohling zum Diamanten, so lässt sich das Wirken Saturns zusammenfassen.

Und dennoch geht es dabei keineswegs ausschließlich um Härte, Ausdauer, Übung, Verzicht und unermüdliches Arbeiten an sich selbst. Der Weg zur Vollkommenheit führt unmittelbar am Fluss der Gnade entlang. Saturn ist kein kalter, gemeiner, fordernder Feind, dem gegenüber es sich zu wappnen und zu rüsten gilt. Er verlangt, nein, er verdient Ehrfurcht, Demut, Liebe.

♄ Das astrologische Symbol besteht aus einem Halbkreis, der dem Kreuz untergeordnet ist. Es drückt aus, dass das Seelische (Halbkreis) unter dem Materiellen (Kreuz) steht, ihm untergeordnet ist.

Auf den folgenden Seiten finden sich die zentralen Eigenschaften der Saturnposition in einem Horoskop. Bei der individuellen Anwendung ist einmal mehr zu berücksichtigen, dass diese Stellung stets auch durch Verbindungen mit den übrigen Gestirnen eine andere Färbung bekommen und im Einzelfall auch einmal stark von den hier genannten Deutungen abweichen kann.

Ihre exakte Saturnposition können Sie wieder über die Homepage des Autors herunterladen (www.bauer-astro.de).

Der Stier und seine Saturnzeichen

Saturn im Zeichen Widder – Über die Kraft herrschen

Saturnstärken Ehrgeizig, machtvoll, führungsbegabt, durchsetzungsstark, edel

Saturnschwächen Rechthaberisch, sarkastisch, bösartig, bissig, gemein

Die Botschaft Saturns lautet: »In deinem Leben geht es darum, deine Wildheit zu bändigen, deine Emotionen zu zügeln und deinen persönlichen Willen einem höheren Ziel, einer Idee mit allgemeinem Wert unterzuordnen. Stell dir mich, Saturn, als ›Pferdeflüsterer‹ und das Widderzeichen als ein wildes Pferd vor, aus dem ein edles Ross werden soll, das dem Reiter seine feurige Energie voll und gern zur Verfügung stellt.

Viele Menschen mit dem Saturn im Zeichen Widder tendieren allerdings dazu, ihre Wildheit zu brechen, sie zu unterdrücken. Sie verdrängen und vergessen sie und sind schließlich im Besitz eines, um es salopp auszudrücken, alten Kleppers. Damit du nicht in diesen Zustand gerätst, bedarf es großer Geduld und harter Arbeit an dir selbst. Du musst die Auseinandersetzung mit dem Leben als Läuterungsprozess begreifen und Kritik nicht als Verhinderung oder Bösartigkeit des Schicksals, sondern als einen Wink Saturns nehmen. Wichtig ist auch, dass du deine Emotionen, Wünsche und Sehnsüchte hinterfragst und diesem Prozess der Katharsis unterordnest.«

Saturn-Check
Wo muss man sich diesem Saturn beugen? Man muss sein Feuer zähmen und sich in Geduld üben.
Welche Mittel und Methoden wendet Saturn an? Vollkommenheit soll erreicht werden durch Verhinderung, Kritik und Strafe.
Worauf muss man achten? Nicht zu streng und rechthaberisch zu werden.

Saturn im Zeichen Stier – Über die Lust herrschen

Saturnstärken Beharrlichkeit, Festigkeit, Standhaftigkeit, Sparsamkeit
Saturnschwächen Geiz, Gefühllosigkeit, Sturheit, Gier, Neid, Existenzangst

Die Botschaft Saturns lautet: »Du musst deine Lust und deine Gier kontrollieren. Denn du neigst dazu, dass du mehr und härter arbeitest, als dir guttut, dass du nervös und gestresst bist und schließlich arbeitsunfähig wirst. Überdies tendierst du dazu, dein Geld in Geschäften anzulegen, die du nicht übersiehst, und am Ende ergeht es dir wie ›Hans im Glück‹: Du besitzt gar nichts mehr. Du läufst also Gefahr, über deine Verhältnisse zu leben, und das von Kindesbeinen an.
Dramatische Auseinandersetzungen mit Eltern und anderen Erwachsenen sind die Folge, wobei in deinen Augen zunächst immer die anderen die ›bösen, versagenden und missgünstigen‹ Menschen sind. Aber es ist mein Einfluss, der dir das Leben schwermacht. Ich, Saturn, verlange Verzicht – und das gerade dort, wo du am meisten Spaß hast. Das ist ein harter, mühsamer, frustrierender Weg. Auf diese Weise entwickelst du jedoch eine besonders feine Sinnlichkeit, wirst zum Genießer der kleinen Dinge und der wirklichen Köstlichkeiten des Lebens.«

Saturn-Check
Wo muss man sich diesem Saturn beugen? Seiner Lust und seinen Wünschen nicht nachgeben, Vorsicht beim Streben nach materiellen Werten.
Welche Mittel und Methoden wendet Saturn an? Der Weg führt durch Leid, Schmerzen, Versagung und Verhinderung, unter Umständen auch durch Krankheit.
Worauf muss man achten? Sich nicht kasteien und sich und den anderen so die Lust am Leben nehmen.

**Saturn im Zeichen Zwillinge –
Über die Leichtfertigkeit herrschen**
Saturnstärken Klarheit, Überblick, das Wesentliche erkennen, literarisches Geschick, geistige Wendigkeit
Saturnschwächen Die Wahrheit verdrehen, Unsicherheit, Besserwisserei, Charakterschwäche

Die Botschaft Saturns lautet: »Deine Aufgabe ist es, dich im Leben nicht zu verzetteln, die Wahrheit zu finden und nicht ihren Schein, Wissen zu erwerben, das wirklich nützlich ist. Du gehst dein Lebtag lang in eine Schule, in der du lernst, stetig besser zu werden, immer mehr Kenntnisse zu erwerben. Aber dieses ›Besser‹ und dieses ›Mehr‹ sind nicht einfach quantitativ gemeint. Es geht um einen großen Reifungsprozess.
Was ist der Grund, dich dermaßen streng zu disziplinieren? In deiner Persönlichkeit findet sich ein unglaublich leichtfertiger Anteil. Aus der Sicht des (Über)lebens heraus braucht es daher eine andere, eben die saturnische Kraft, damit du dir nicht aus dieser Gedankenlosigkeit heraus selbst schadest. In deiner Tiefenpsyche herrscht also ein berechtigter Zweifel an deinen Kontrollfunktionen. Das ist der Grund für die Strenge Saturns. Wenn du mit mir, dem Zwillingesaturn, behutsam und richtig umgehst, dann ›schleifst‹ du dich selbst, wirst nicht überheblich, sondern orientierst dich an anderen und suchst dir Lehrer und Meister, die dir helfen, vollkommener zu werden.

Worauf du noch achten musst: Mit dieser Saturnstellung neigt man zu einsamen Entschlüssen. Sozusagen als Gegenreaktion auf die Leichtfertigkeit wird man zum Dogmatiker und Besserwisser, zu einem, der alles mit dem Kopf checkt. Eine solche Haltung entspricht nicht meinem Wunsch.«

Saturn-Check
Wo muss man sich diesem Saturn beugen? Lernen, Kritik konstruktiv zu nehmen. Man muss über sämtliche Konsequenzen seines Verhaltens Bescheid wissen.
Welche Mittel und Methoden wendet Saturn an? Mit Verhinderung, Misserfolg und Demütigung muss man rechnen.
Worauf muss man achten? Nicht dogmatisch und überheblich zu werden. Auch vor allzu großer Strenge muss man sich hüten.

Saturn im Zeichen Krebs – Über die Gefühle herrschen

Saturnstärken Selbstbeherrschung, seine Gefühle im Griff haben, zum Kern vordringen, Distanz, Wahrhaftigkeit, Zuverlässigkeit
Saturnschwächen Gefühlskälte, Rückzug, Misstrauen, Pessimismus

Die Botschaft Saturns lautet: »Aus einem Wesen, das seinen Instinkten, seinem ›Bauch‹ folgt, soll ein Mensch werden, der sein Leben nach Einsicht, Wahrheit und höherem Wissen steuert. Der Weg ist überaus schwierig und schmerzlich. Saturn hat dir nämlich Angst vor dem Glück und sogar vor der Liebe eingepflanzt. Als wäre es für dich verboten, Zufriedenheit zu kosten, als müsstest du immer wieder die Erfahrung machen, dass das Leben bitter ist.
Woher kommen diese Ängste? Deine Psyche ist geprägt von traumatischen Erfahrungen. Es kann sein, dass sie aus früheren Leben stammen. Es ist aber genauso möglich, dass du mit bestimmten existenziellen Erfahrungen deiner Ahnen verbunden bist. Jeden-

falls lebt in dir die Angst fort, deine Gefühle könnten missbraucht werden, so wie es schon einmal geschehen ist. Deswegen misstraue ich, Saturn im Zeichen Krebs, grundsätzlich allen Empfindungen. Es ist reiner Schutz. Du sollst über die Gefühle hinauswachsen, unabhängig und frei von ihnen werden.

Aber du darfst mich auch nicht zum Alleinherrscher über dein Leben erheben und grundsätzlich vor allen Regungen davonlaufen. Du sollst klüger, erfahrener ins Leben treten, damit dir nichts Schlechtes widerfährt. Ziel deines Daseins ist es, deine Vergangenheit zu überwinden, nicht vor ihr zu kapitulieren. Stell dich deinen Gefühlen! Du bist kein Kind mehr, das man verletzen kann. Du bist eine erwachsene, starke Persönlichkeit!«

Saturn-Check
Wo muss man sich diesem Saturn beugen? Der Weg führt durch Leid, Schmerzen, Versagung und Verhinderung, unter Umständen auch durch Krankheit.
Welche Mittel und Methoden wendet Saturn an? Angst, Schmerzen, Versagung und Leid.
Worauf muss man achten? Das »Kind nicht mit dem Bad auszuschütten« sowie Gefühle zu missachten und zu unterdrücken.

Saturn im Zeichen Löwe – Über das Ego herrschen
Saturnstärken Selbstbeherrscht, erhaben, edel, vollendet
Saturnschwächen Arrogant, selbstherrlich

Die Botschaft Saturns lautet: »Du bist dafür bestimmt, das Höchste anzustreben – und musst doch immer wieder die Erfahrung machen, ganz unten zu sein. Durch mich, Saturn im Zeichen Löwe, werden Menschen geschmiedet, die Ruhm und Ehren erwerben, Meister und Führungspersönlichkeiten. Aber der Weg dorthin ist beschwerlich. Du wirst viel erdulden, durchmachen und verstehen müssen. Das Leben pendelt zwischen Macht und Ohnmacht, zwischen Stolz und Scham hin und her. Allmählich entwickelst du vielleicht Angst vor Macht, Verantwortung und Erfolg – und wirst doch davon auch regelrecht angezogen.

Diese Saturnposition kann mit der Zeit zu Unlust dem Leben gegenüber führen. Dagegen musst du dann selbst ›zu Felde ziehen‹. Zuvor aber brauchst du die Einsicht, was ich eigentlich bezwecken möchte. Bedenke, dass diese Stellung die Folge von Machtmissbrauch ist. Vielleicht hast du in einem früheren Leben versagt, die Verantwortung nicht übernommen. Vielleicht trägst du aber auch an einer Schuld der eigenen Ahnen.

Saturn im Zeichen Löwe ›erzieht‹ dich dazu, dein Wirken, dein Verhalten und Sein zu überdenken und hinsichtlich sämtlicher Konsequenzen zu verantworten. Dazu gehört im Besonderen das Verhalten als Vater bzw. Mutter den eigenen Kindern gegenüber. Du musst die Verantwortung selbst dann übernehmen, wenn du nach gängiger Meinung davon freigesprochen wirst, wie zum Beispiel bei einer Krankheit oder einem Unfall.«

Saturn-Check
Wo muss man sich diesem Saturn beugen? Lernen, Verantwortung zu übernehmen.
Welche Mittel und Methoden wendet Saturn an? Man wird behindert, gedemütigt, kritisiert.
Worauf muss man achten? Nicht zu einem lust- und lebensfeindlichen Menschen zu werden.

**Saturn im Zeichen Jungfrau –
Über den Körper herrschen**
    Saturnstärken Treue, Anhänglichkeit, Arbeitseifer, Selbstkontrolle, Genügsamkeit
    Saturnschwächen Ernst, Pedanterie, Kritiksucht

Die Botschaft Saturns lautet: »Bei dir trifft Kontrolle auf Kontrolle. Denn allein das Zeichen Jungfrau bedeutet, dass man seine Gefühle, seine Triebe, seinen Sex, seinen gesamten Körper im

Griff hat. Wenn dann ich, Saturn, noch hinzukomme, verdoppelt sich die vorsichtige und kritische Einstellung. Bei dermaßen viel Skepsis muss in der Vergangenheit (in einem früheren Leben, in der eigenen Ahnenreihe) etwas geschehen sein, das große Angst hervorgerufen hat: Angst vor Sexualität und dem damit verbundenen Akt der Zeugung, Angst vor Schwangerschaft und Geburt. Saturn in der Jungfrau verweist auf ein ›Versagen‹ in diesem Bereich: Vielleicht musste eine Schwangerschaft abgebrochen werden, möglicherweise kam ein Kind tot zur Welt, oder beide, Mutter und Kind, starben.

Durch meine Position wird jetzt ein Riegel vor Sex und Zeugung geschoben, werden die Gefühle blockiert, die Lust verringert, wird versucht, aus dem ›Tiermenschen‹ mit seiner Abhängigkeit von Lust und Trieben einen Homo sapiens im wahrsten Sinne des Wortes, einen ›weisen‹ Menschen zu machen. Ich, Saturn, verhindere also und wecke zugleich die Sehnsucht, das Körperhafte des Lebens zu transformieren, ein Wesen zu sein, dessen Energie nicht aus den Lenden, sondern aus dem Geist kommt. Das heißt beileibe nicht, dass du dich in ein Kloster zurückziehen sollst. Aber du musst dich mit diesem Thema auseinandersetzen. Das bleibt niemandem erspart, dessen Saturn im Zeichen Jungfrau steht.«

Saturn-Check
Wo muss man sich diesem Saturn beugen? Man muss seine Lust kontrollieren.
Welche Mittel und Methoden wendet Saturn an? Versagen, Enttäuschung, Krankheit, darauf muss man gefasst sein. Einsicht ist Bedingung.
Worauf muss man achten? Seine Lust nicht vollständig zu unterdrücken. Lustfeindlichkeit ist nicht das Ziel.

Saturn im Zeichen Waage – Über die Liebe herrschen

Saturnstärken Gerechtigkeitssinn, Ausgewogenheit, wahrhaftig lieben können
Saturnschwächen Disharmonie, Unzufriedenheit, Gefühlskälte, Einsamkeit

Die Botschaft Saturns lautet: »Meine Position bedeutet die Aufforderung, nach der ›richtigen, wahren‹ Liebe zu suchen. Ihr muss dein ganzes Sehnen und Streben gelten. Um sie zu finden, wirst du jede Menge Enttäuschungen zu verkraften haben. Denn was du für Liebe hältst – den Rausch der Sinne, überwältigende Gefühle, Herz und Schmerz –, hat vor mir, deinem Saturn, keinen Bestand. In meinen Augen heißt Liebe, dass sich Ich und Du, der eine und der andere, gleichwertig gegenübertreten. Niemand ist kleiner oder größer, gescheiter oder dümmer, wichtiger oder unbedeutender, reifer oder naiver. Das klingt einfach und ganz selbstverständlich, ist es aber nicht. Menschen haben von Natur aus das Bestreben, sich selbst zu verwirklichen, andere hingegen (und dazu zählen auch Partner) hintanzustellen. Darüber hinaus bestehe ich auf Zuverlässigkeit. Vor mir zählt noch das ›eherne‹ Gesetz ›… bis dass der Tod euch scheidet‹.
Es sind gravierende Dinge geschehen (in einem früheren Leben, in der Ahnenreihe), deshalb wache ich, Saturn, jetzt persönlich über die Liebe. Es kam zu unwürdigem Verhalten. Jemand wurde im Stich gelassen. Die Liebe wurde verraten. Herzen wurden gebrochen … Jetzt ›zahlst‹ du dafür. Aber es ist keine Rache oder Strafe. Ich, Saturn, mache mich stark, damit du derlei Fehlverhalten vermeidest. Ich bringe dich auf den Weg.«

Saturn-Check

Wo muss man sich diesem Saturn beugen? Man muss lernen, verbindlich zu sein.
Welche Mittel und Methoden wendet Saturn an? Falsche Liebe, Liebeskummer und Alleinsein drohen.
Worauf muss man achten? Die Liebe nicht restlos zu »vergessen«.

Saturn im Zeichen Skorpion –
Über die Vergänglichkeit herrschen

Saturnstärken Tiefe, Zugehörigkeit, Willenskraft, Verbundenheit mit den Ahnen
Saturnschwächen Engstirnigkeit, Fanatismus

Die Botschaft Saturns lautet: »Meine Position verweist auf tragische, leidvolle Erfahrungen. Könntest du dein Leben bzw. das deiner Familie rückwärts abspulen, würden rasch Szenen auftauchen, in denen jemand auf der Flucht, vertrieben, ohne Heimat, ohne Zugehörigkeit ist. Diese Themen beherrschen deine Ahnenreihe weit über deine Großeltern hinaus. Man hat keine richtigen Wurzeln, kein Erbe, das man übernehmen, keine Fußstapfen, in die man treten kann. Wenn man zurückschaut, finden sich Leben ohne Glanz, ohne Würde, ohne Höhepunkt. Daher dränge ich, Saturn, dich mit aller Macht dazu, deinem Leben einen Wert zu verleihen. Denn das Gefühl, dass die eigenen Ahnen ein würdeloses Dasein fristen mussten, formt sich in den Seelen der Nachkommen zu einem großen, mächtigen Anspruch, es besser zu machen, den Gipfel zu ersteigen.

Ich, Saturn im Zeichen Skorpion, veranlasse dich, die dünnen Fäden aus deiner Vergangenheit aufzuspüren und im Laufe deines Lebens ein Netz daraus zu knüpfen – um so wieder einen Halt zu finden. In der Weise, wie du dich umdrehst und vor der Vergangenheit verneigst, bekommst du eine Verbindung zu deinen Vorfahren sowie der eigenen Vergangenheit und erhältst Kraft und Wissen. Das ist der ›Dank der Ahnen‹. Wenn du dich ihrer annimmst, erfährst du ihren Schutz und bist nie mehr allein im Leben. Hinter dir steht die Kraft der Vergangenheit.«

Saturn-Check

Wo muss man sich diesem Saturn beugen? Sich vor der Vergangenheit verbeugen.
Welche Mittel und Methoden wendet Saturn an? Man muss hohe Ansprüche an sich selbst und sein Leben stellen.

Worauf muss man achten? Nicht in der Vergangenheit zu »ertrinken«, Gegenwart und Zukunft nicht aus den Augen zu verlieren.

Saturn im Zeichen Schütze –
Über Wahrheit und Wissen herrschen
Saturnstärken Pioniergeist, Mut, Weisheit, Stärke, Wahrhaftigkeit
Saturnschwächen Dünkel, Zynismus, Grausamkeit

Die Botschaft Saturns lautet: »Dein Leben ist eine Reise zu dir selbst. Du musst dir deinen eigenen Weg suchen! Lass dich nicht von anderen beeinflussen. Hör nur auf dich! Diese starke Hinwendung zu dir selbst ist verbunden mit einer Abkehr von deinem Umfeld und beruht auf einer Reihe großer Enttäuschungen in der Vergangenheit (der eigenen bzw. der Ahnen), bei denen der Glauben an andere Menschen verloren gegangen ist: Vielleicht hat ein Arzt versagt, es ist ihm ein Fehler unterlaufen, oder er hat sich zu wenig Mühe gegeben. Vielleicht wurdest du oder jemand aus deiner Familie in seinem Glauben zutiefst erschüttert, weil ›Gott‹ ein schreckliches Geschehen zuließ, einem nicht beistand. Es gehört auch zur Vergangenheit von Menschen mit dieser Saturnposition, dass sie – um zu überleben – ihrem Glauben abschwören mussten. Jedenfalls bestand am Anfang eine große Hoffnung, die schließlich in eine große Enttäuschung mündete.

Mit mir, Saturn im Zeichen Schütze, hast du einen Vertrauten an deiner Seite, einen, der hilft, derartige Enttäuschungen zu vermeiden. Mit mir bist du von vornherein skeptisch. Du kommst bereits mit Misstrauen auf die Welt, und im Laufe der Jahre gewöhnst du dich immer stärker daran, alles in Frage zu stellen. Du wirst ein Mensch, der zwischen Illusion und Wahrheit genau unterscheiden kann. Du wirst weise.«

Saturn-Check
Wo muss man sich diesem Saturn beugen? Er verlangt Selbstvertrauen.
Welche Mittel und Methoden wendet Saturn an? Er führt einen durch Enttäuschungen, Fehlschläge und Irrwege.
Worauf muss man achten? Kein grundsätzliches Misstrauen zu entwickeln, nicht gänzlich an der Welt zu verzweifeln.

Saturn im Zeichen Steinbock –
Über sich und andere herrschen

Saturnstärken Klarheit, Standhaftigkeit, Verantwortlichkeit, Führungskompetenz, Selbstbeherrschung
Saturnschwächen Kälte, Rücksichtslosigkeit, Einsamkeit

Die Botschaft Saturns lautet: »Du besitzt einen besonders mächtigen Saturn. Das kommt daher, dass ich der regierende Planet des Tierkreiszeichens Steinbock bin. Ich bin hier zu Hause und kann mich gut entfalten. Meine Kraft verdoppelt sich im Steinbockzeichen. Auf der einen Seite führt dies dazu, dass du kontinuierlich an einer Lebensaufgabe arbeitest. Sie lautet: Du sollst etwas Großes vollbringen!
Auf der anderen Seite führt diese doppelte Saturnkontrolle dazu, sich selbst und vor allem seinen Gefühlen zu misstrauen.
Dies hat seine Wurzeln in der Vergangenheit (in einem früheren Leben, im Leben der Ahnen), in der du bzw. deine Vorfahren ausgenutzt, manipuliert oder sogar missbraucht wurden. Zu denken ist auch an eine Verführung oder einen gewalttätigen Missbrauch von Kindern, wohl die verwerflichste Untat. Irgendetwas in dieser Art muss Ursache dafür sein, dass du dir heute selbst nicht mehr vertraust. Für dich sind Menschen gefährlich, unberechenbar, zu allem fähig.
In der Weise, wie du älter wirst und erfährst, dass das Leben, du und die anderen berechenbar sind, wirst du neues Vertrauen schöpfen. Du wirst neue Gefühle entdecken, solche, die weniger

aus dem Bauch, sondern aus dem Herzen kommen. Du wirst lieben, mit anderen Menschen zusammen sein, aber auch allein sein können. Du wirst unabhängig, selbständig, und dein Leben wird getragen von Stimmigkeit und Zufriedenheit. Jetzt obliegt dir auch, andere zu führen. Denn du wirst sie nicht ›verkrüppeln‹ und ›züchtigen‹, sondern zu Weisheit und Liebe führen.«

Saturn-Check
Wo muss man sich diesem Saturn beugen? Man muss lernen, Herr seiner selbst zu sein.
Welche Mittel und Methoden wendet Saturn an? Angst, Vorsicht, Enttäuschung.
Worauf muss man achten? Kein Einsiedler und kein Menschenfeind zu werden.

Saturn im Zeichen Wassermann – Über das Chaos herrschen
Saturnstärken Individualität, Erfindungsgabe, Menschlichkeit
Saturnschwächen Chaotisch, verwirrt und verrückt sein, Hochstapelei

Die Botschaft Saturns lautet: »Du suchst etwas besonders Wertvolles im Leben, nämlich Individualität. Einzigartigkeit ist kostbar. Zwar sagt man leicht dahin, jemand sei ein Individuum. Aber das ist hier nicht im formellen Sinne gemeint. Ein wirkliches Individuum besitzt einen eigenen Charakter, etwas Besonderes und Einmaliges. Dadurch unterscheidet sich der Einzelne von allen anderen Menschen, vergleichbar einem als Solitär dastehenden Baum in einer Landschaft. Dieser Wunsch nach Einmaligkeit ist uralt. Du trägst ihn schon lange mit dir herum (viele Leben, durch Generationen hindurch). Du bist aus der Gesellschaft ausgebrochen, hast deine Familie verlassen – immer auf der Suche nach Freiheit, nach Individualität. Du hast Menschen mit anderem Glauben, aus anderen Ländern und aus anderen sozialen Schichten geliebt. Kinder kamen, noch bevor ein längeres Zusammenleben überhaupt zur Diskussion stand. Du selbst entstammst letztlich einer derartigen ›Augenblicksverbindung‹. Du verdankst dein Dasein einem sogenannten Zufall, einer Laune des Schicksals sowie der Spontaneität und Freiheit deiner Vergangenheit.

Aber du warst auch blind und unwissend und erlebtest daher grandiose Irrungen und Verwirrungen. Du erlittest die große Angst vor dem Chaos, vor einem Sein ohne Ordnung und Sicherheit. Du wurdest ausgestoßen und verbannt, verjagt und geächtet. – Jetzt begleitet dich Saturn. Mit mir wirst du dein freies Leben fortführen und dich dabei immer sicherer am Chaos vorbeimanövrieren.«

Saturn-Check
Wo muss man sich diesem Saturn beugen? Man muss lernen, seine Individualität zu leben, ohne im Chaos unterzugehen.
Welche Mittel und Methoden wendet Saturn an? Reinfall, Bruchlandung und Fehlentscheidung.
Worauf muss man achten? Dass man den Kontakt zu anderen Menschen nicht verliert.

Saturn im Zeichen Fische – Sein Mitgefühl beherrschen

Saturnstärken Toleranz, Opferbereitschaft, Weitblick, Visionen
Saturnschwächen Ich-Schwäche, Isolation, Selbstzweifel

Die Botschaft Saturns lautet: »Wie im Märchen wird dir aufgetragen, dich auf eine Reise zu begeben. Wohin? Vielleicht zum Ende des goldenen Regenbogens. Ans Ende der Welt. Oder nirgendwohin. Mit mir, Saturn im Zeichen Fische, ist dir ein Geheimnis in die Wiege gelegt. Aber mehr weiß man nicht. Das Geheimnis hat damit zu tun, dass in deiner Vergangenheit (in einem früheren Leben, in deiner Ahnenreihe) jemand verschwiegen wurde: ein Kind, eine andere Frau, der richtige Vater ... Dieses verleugnete, verheimlichte Leben fehlt jetzt deiner Seele, und sie sucht danach, ohne dass du es selbst bewusst wahrnimmst.

Dir ist infolgedessen ein besonderes ›Organ‹ für Unrecht und Lüge gegeben. Wo immer in dieser Welt Unrecht geschieht, leidest du mit. Jedes Leid ziehst du regelrecht an. Aber das hat auch fatale Folgen für die Liebe. Du neigst dazu, dir einen Partner zu suchen, der ganz besonders der Zuwendung bedarf, weil er unglücklich ist. Dann kannst du ihm – so meinst du zumindest – all das angedeihen lassen, was in der Vergangenheit nicht geschehen ist: grenzenlose Liebe. Du nimmst ihn an. Du bist für ihn da. Du verstößt ihn nicht.

Aber das ist der falsche Weg. Du musst mit der Vergangenheit fertigwerden und sie nicht ständig vor dir hertragen. So wiederholst du nur dein Karma. Du brauchst nicht aufzuhören, andere zu lieben. Aber du darfst das rechte Maß nicht aus den Augen verlieren.«

Saturn-Check
Wo muss man sich diesem Saturn beugen? Man muss sich mit seiner Vergangenheit auseinandersetzen.
Welche Mittel und Methoden wendet Saturn an? Desillusionierung und Enttäuschung.
Worauf muss man achten? Die Vergangenheit nicht endlos zu wiederholen.

Zum Schluss

Seit nunmehr über dreißig Jahren beschäftige ich mich mit Astrologie. In dieser Zeit entstanden über sechzig Bücher zu diesem Thema. In zahlreichen Journalen und Zeitungen finden sich regelmäßig wöchentliche, teilweise sogar tägliche astrologische Beiträge von mir. In Einzelsitzungen, Seminaren, Aus- oder Weiterbildungen bin ich in meiner Tätigkeit als Astrologe einigen tausend Menschen begegnet.

Bei der ausgiebigen und intensiven Beschäftigung mit der Astrologie war mir immer daran gelegen, mich diesem geheimnisvollen »Kult« auf verschiedenen Ebenen zu nähern: auf einer leichten, unterhaltsamen in manchen journalistischen Beiträgen und auf einer ernsthaften, in die Tiefe führenden in meinen Büchern. Die populäre, eher spielerische Variante, wie sie Zeitungen oder Zeitschriften präsentieren, rückt die astrologischen Gegebenheiten ins Bewusstsein der Leser, macht neugierig und bewegt den einen oder anderen dazu, sich näher damit zu befassen. Die Astrologie scheint ohnehin eine ausgesprochen volkstümliche Komponente zu haben. Ich bin immer wieder erstaunt, dass eigentlich jeder, egal, ob er sich mit ihr beschäftigt hat oder nicht, gleich mitreden kann. Er »weiß« etwas über den Widder, den Stier, den Zwilling oder die Jungfrau. Ich bin überzeugt, dass es diese Nähe zum Alltag und Normalen ist, die die Astrologie letztendlich unverwüstlich gemacht hat.

Ich habe Psychologie studiert und war zehn Jahre lang als Psychotherapeut aktiv. Mein Wechsel zur Astrologie geschah langsam und voller Skepsis. Wie jeder denkende Mensch ist auch mir ein Zusammenspiel von kosmischen Bewegungen und menschlichem Sein nahezu unvorstellbar. Aber ich wurde immer wieder eines Besseren belehrt: Es existieren Parallelen respektive Analogien zwischen »oben« und »unten«. Doch diese Verbindung ist nicht fest oder mechanisch. Es gibt Widersprüche, Ausnahmen, Irrungen und Verwirrungen. Jeder, der sich tiefer mit der Astrologie beschäftigt, betritt früher oder später einen Raum, der voller

Wunder, aber auch voller Rätsel ist. Aus einem Horoskop lassen sich unglaubliche Schlussfolgerungen ziehen, die zum Beispiel einem Psychologen – wenn überhaupt – erst nach langen Explorationen zugänglich werden. Ein Horoskop beleuchtet das Wesen eines Menschen, offenbart seine Herkunft, seine Stellung in der Welt und seine Zukunft. Dennoch steht man auch immer wieder vor Abweichungen und Ausnahmen.

»Astra inclinant, non necessitant«, zu Deutsch: »Die Sterne machen geneigt, doch sie zwingen nicht.« Dieses berühmte und beflügelnde Zitat, das Thomas von Aquin (1225–1274) zugeschrieben wird, hat mich immer bei meiner Arbeit begleitet. Heute würde ich es sogar folgendermaßen umformulieren: »Die Sterne lösen Rätsel und decken Geheimnisse auf. Aber sie schaffen auch viele neue ...«